AF486960

EL PENTAGONISMO,
SUSTITUTO DEL IMPERIALISMO

JUAN BOSCH

EL PENTAGONISMO, SUSTITUTO DEL IMPERIALISMO

Colección *Bosch para Todos*
República Dominicana
2012

Colección
Bosch para Todos

© Fundación Juan Bosch Inc., 2012
Paseo de los Locutores No. 43
Ensanche Evaristo Morales,
Santo Domingo, D. N.
Teléfono: (809) 472-1920
www.juanbosch.org

Coordinación editorial
Farah Hallal

Diseño de la cubierta y arte final
Eric Simó

Impresión
Impresora Soto Castillo S. A.

ISBN: 978-9945-8740-7-5

República Dominicana

Este libro fue presentado como tesis del autor a la Tercera Conferencia Interamericana de Ciencias Políticas y Sociales, que tuvo lugar en la Universidad Autónoma de Santo Domingo —República Dominicana— en el mes de noviembre de 1967, y al mismo tiempo apareció, allí mismo, su primera edición, hecha por "Publicaciones ¡Ahora!, C. por A." Unos días después, el 11 de diciembre, David R. Jones, del *New York Times*, cablegrafiaba a su periódico, desde Bal Harbour, Florida, una crónica detallada de la convención de la AFL-CIO, que estaba celebrándose en ese lugar del sur de los Estados Unidos; y el cable comenzaba así: "La Convención de AFL-CIO reafirmó hoy, mayoritariamente, su apoyo a la política del presidente Johnson en Viet Nam, después de derrotar fácilmente una proposición para que (la AFL-CIO) se mantuviera neutral en la guerra". Jones informaba que los nombres del senador Eugene McCarthy y del economista John Kenneth Galbraith habían sido abucheados por los delegados a la convención —líderes obreros todos ellos—, debido a que el senador y el economista se oponían a la política de guerra en Viet Nam del presidente Johnson, y que unos 1,200 delegados expresaron su voto favorable a Johnson, puestos de pie y aplaudiendo mientras sólo "alrededor de una docena de delegados se levantaron en el salón de baile del Hotel Americana en señal de oposición".

Eso no fue una novedad, ni una sorpresa, para los que a esa fecha —el 11 de diciembre de 1967— habían leído este libro. En el capítulo IV (La sociedad pentagonizada) se decía, como puede verlo el lector, que los obreros norteamericanos organizados en la AFL-CIO (American Federation of Labor y Congress of Industrial Organization) estaban al servicio del pentagonismo.

Dos días después de esa convención de la AFL-CIO, esto es, el 13 de diciembre, el presidente del Comité de Relaciones Exteriores del Senado norteamericano, senador J.W. Fulbright, se dirigía al presidente de ese cuerpo en un discurso que confirmaba varios de los argumentos usados por el autor para demostrar la tesis que se expone en este libro.

En el caso de los obreros organizados en la AFL-CIO, la confirmación no se produjo como denuncia; al contrario, se manifestó en forma de respaldo abrumadoramente mayoritario, de 99 de cada 100 —es decir, 99 contra 1—, a la política pentagonista; pero en el caso del senador Fulbright la confirmación se manifestó como una denuncia del pentagonismo, sólo que el senador por Arkansas le dio a ese nuevo poder un nombre parecido al que le había dado el ex presidente Eisenhower: le llamó "el complejo militar-industrial" norteamericano.

Aunque sería arriesgado afirmarlo, hay razones para pensar que el senador Fulbright no conocía este libro cuando produjo su discurso del día 13 de diciembre de 1967. Un senador de los Estados Unidos, o aun su cuerpo de ayudantes, difícilmente se halla al tanto, por lo menos a corto tiempo, de lo que se dice y se escribe en los países pobres del Tercer Mundo. Los políticos norteamericanos, no importa cuál sea su nivel intelectual ni cuáles sus preocupaciones, viven inmersos en la agitada fuente de acontecimientos que es Washington, y en cierta medida sería demasiado exigir pedirles que su tiempo y su interés les alcanzaran para más actividades de las que realizan a diario. Por otra parte, lo que llevó al senador Fulbright a denunciar lo que él llama "the military-industrial complex" es un motivo de política interna norteamericana, algo que el autor de este libro no tenía en cuenta al escribirlo. Por ejemplo, el senador Fulbright, armado de esa ya clásica ignorancia en ciencias políticas a que nos tienen acostumbrados los personajes de la vida pública de su país, dice en su discurso del 13 de diciembre que el presupuesto de guerra de los Estados Unidos "forma una gran concentración de socialismo en lo que en otros tiempos fue nuestra economía de libre empresa"; de manera que él hizo su denuncia para defender la "libre empresa", sin darse cuenta de que el pentagonismo ha sido el producto natural de la libertad de ganar dinero en una sociedad de masas dominada por la industria sobre desarrollada. Todo indica que no ha habido contagio entre lo que se dice en este libro y lo que dijo el senador Fulbright sobre el mismo tema, aunque el libro se publicara, como se publicó, antes del discurso del presidente del Comité de Relaciones Exteriores del Senado de los Estados Unidos. Por eso mismo resulta evidente que la tesis de El pentagonismo, sustituto del imperialismo, ha venido a ser confirmada por el senador Fulbright sin que éste se lo propusiera, sin que tuviera la menor idea de que esa tesis había sido expuesta y sin que su posición ideológica fuera la misma que dio origen al libro. De ahí, pues, que sea de interés reproducir varios párrafos del discurso del senador Fulbright en este prefacio a la edición española. Como verá el lector, en algunas ocasiones el senador por Arkansas llega a decir lo que se había dicho en este libro casi con las mismas palabras; por lo menos, con los mismos conceptos y con parecida intención.

En ese discurso, que traducimos de una copia mimeografiada de las que la oficina del senador Fulbright envía a la prensa de su país, porque no tenemos a la vista la impresión autorizada por el Senado, ni fue publicado con amplitud —sino más bien con alarmante parvedad— en los diarios norteamericanos, Fulbright comenzó diciendo: "Hoy destacaré algunos de los efectos destructores de la guerra en nuestra vida nacional, la creciente militarización de la economía y de las universidades… Más y más nuestra economía, nuestro gobierno y nuestras universidades están adaptándose a sí mismas a las exigencias de una guerra continua, guerra total, guerra ilimitada y guerra fría… (porque) estamos convirtiéndonos en una sociedad militarizada". Como podrá apreciar el lector, eso mismo se había dicho en este libro, sobre todo en el ya mencionado capítulo IV, cuyo título es precisamente "La sociedad pentagonizada", equivalente de esa sociedad militarizada a que se refiere el senador Fulbright.

El párrafo primero del capítulo III de este libro (Expansión del pentagonismo), comienza así: "El pentagonismo no apareció en los Estados Unidos armado de un método para actuar. Como todo poder que es resultado de circunstancias no planeadas, el pentagonismo comenzó su vida igual que los niños, con apetitos y movimientos inconscientes… "El capítulo II (El nacimiento del pentagonismo) termina así: "Pero la hora de crear esos ejércitos permanentes llegó, y los Estados Unidos se encontraron, casi sin darse cuenta, con que ya tenían instalado en el centro mismo de su vida el mayor establecimiento militar conocido en la historia del mundo. Al quedar montada esa poderosa maquinaria de guerra, el campo quedó listo para la aparición del pentagonismo, que iba a ser el sustituto del imperialismo". Fulbright dice que no cree que "el complejo militar-industrial es el producto de una conspiración", lo que equivale a decir que no es el producto de un plan, si no que es el inevitable resultado de un poderoso establecimiento militar permanente". Todo el capítulo I del libro (Qué es el

pentagonismo) está destinado a probar que el pentagonismo
se alimenta de los beneficios que se derivan de la producción de guerra, y el senador Fulbright termina el párrafo
que hemos copiado arriba diciendo que las necesidades de
ese "poderoso establecimiento militar permanente " "han
dado nacimiento a una vasta industria privada ligada a las
fuerzas armadas por el lazo natural de intereses comunes".
Inmediatamente después agrega: "Como los más grandes
productores de artículos y servicios en los Estados Unidos,
las industrias y negocios que sirven pedidos (de productos)
militares colocarán en el próximo año fiscal sobre 45 billones (miles de millones) de dólares en cinco mil ciudades y
villas donde más de ocho millones de americanos, contando
(entre ellos) a miembros de las fuerzas armadas, incluyendo
10 por 100 de la fuerza de trabajo (del país), ganarán sus
vidas con dinero gastado por (la Secretaría de) la defensa".
En ese Párrafo, el senador por Arkansas da cifras que com-
pletan y confirman lo que está dicho a lo largo del Capítulo
IV de este libro. En unas frases que se corresponden con las
que pueden leerse en el capítulo V (Política y pentagonismo),
dice que "para los trabajadores esto significa preservar u
obtener la instalación de alguna fábrica local y (a su vez)
obtener nuevos pedidos militares; para los políticos implica
preservar la buena voluntad de sus votantes, debido a que
les ayuda a obtener lo que ellos quieren". En el capítulo de
"El pentagonismo, sustituto del imperialismo", que acabamos de mencionar, se dice que "cada político profesional de
los Estados Unidos, desde el presidente de la República hasta
el último alcalde, tiene siempre necesidad de atender, en lo
que se llama su "base política" —el lugar donde debe ganar
las elecciones primarias—, peticiones de los votantes, y las
peticiones más frecuentes son las de nuevas fuentes de trabajo,
o, lo que es lo mismo, nuevas industrias. Una industria nueva

supone nuevos establecimientos comerciales, nuevas sucursales de bancos, nuevos hospitales, nuevas escuelas, en suma, nuevos votantes. El pentagonismo está en capacidad de proporcionar todo eso a través de sus contratos…".

Para Fulbright, lo que él llama "complejo militar-industrial" se "ha convertido en una fuerza política mayoritaria", porque "generales, industriales, comerciantes, trabajadores y políticos" se le han unido, y es "una poderosa fuerza nueva para la perpetuación de acciones militares extranjeras, para la introducción y la ampliación de costosos sistemas de armamentos y, como resultado, para la militarización de grandes porciones de nuestra sociedad". En el capítulo V (Política y pentagonismo) de este libro, el lector hallará esta frase: "El pentagonismo sí tiene un plan: mantenerse constantemente en guerra en algún lugar del mundo a fin de sostener el actual poderío militar y ampliarlo en la medida que sea posible; en suma, asegurarse el mercado militar a través de la guerra permanente". En el capítulo II (El nacimiento del pentagonismo) se dice: "Pero el pentagonismo no está formado sólo por militares. El pentagonismo es un núcleo de poder que tiene por espina dorsal la organización militar, pero que no es exclusivamente eso. En el pentagonismo figuran financieros, industriales, comerciantes, escritores, periodistas, agentes de propaganda, políticos, religiosos…", y en otros sitios se explica cómo y por qué forman parte del pentagonismo generales, trabajadores, científicos, profesores, centros de estudios.

En ese mismo capítulo II, el lector hallará esta frase: "…en ninguna parte (salvo en los Estados Unidos), si nos atenemos al estado de Derecho moderno, hubo jamás un poder militar instalado en el centro mismo de la vida de un país que había vivido ciento setenta y cinco años sin ejército y que no había creado, por eso mismo, defensas legales ni de hábito social contra la existencia de un poder militar tan grande". Para

Fulbright, en los Estados Unidos "la mayoría de los grupos de intereses están equilibrados (counterbalanced) por otros grupos de intereses, pero como el complejo de defensa (militar-industrial) es mucho mayor que ningún otro, no hay contrapeso efectivo para él…" ¿No es ésa una manera de decir lo mismo con palabras diferentes?

En su discurso, el senador Fulbright ofrece datos y dice cosas que no están dichos en *El pentagonismo, sustituto del imperialismo*, pero son una ampliación de los argumentos usados en el libro. Por ejemplo, el presidente del Comité de Relaciones Exteriores del Senado cree que "las universidades (norteamericanas) debieron haber formado un efectivo contrapeso al complejo militar-industrial reforzando su dedicación a los valores tradicionales de nuestra democracia, pero muchas de nuestras más importantes universidades, en vez de hacer eso, se han unido al monolito, añadiéndole en gran medida poder e influencia"; y esto se explica, dice Fulbright, porque "no menos que a los comerciantes, los trabajadores y los políticos, a los profesores les gusta (tener) dinero e influencia", y "habiendo carecido tradicionalmente de ambas cosas, han dado la bienvenida a los contratos y las consultas que les ha ofrecido la jefatura militar". Pero el senador Fulbright llega mucho más allá, pues además de llamar "corruptores" a los contratos gubernamentales celebrados con universidades para poner a los científicos al servicio del poderío militar, dice que está sobrentendido que los contratos lucrativos se dan como premios, no a aquellos que ponen en duda las decisiones (militaristas) del Gobierno, sino a aquellos que le proporcionan al Gobierno los instrumentos y la técnica que él desea", y así —copiando una frase de la Comisión sobre Educación Internacional—, Fulbright acepta que "la honestidad académica (en los Estados Unidos) es un producto de mercado similar a una caja de detergente".

En lo que se refiere al capítulo II de este libro (Expansión del pentagonismo), el lector hallará en el párrafo noveno unas frases que tratan sobre la exportación de equipos militares norteamericanos destinados a ejércitos extranjeros. A mediados de 1966, el senador Eugene J. McCarthy publicó en la revista *Saturday Review* un artículo acerca de ese tema. Pues bien, ilustrando ese artículo apareció un cuadro en el que figuran los nombres de algunas de las empresas industriales norteamericanas que vendieron equipos militares al extranjero entre los años 1962 y 1965, y se dan ahí las cifras de esas ventas. Vamos a reproducir unos cuantos de esos datos:

La General Dynamics vendió aviones y cohetes por valor de más de 1.000 millones de dólares; la Lockheed Corporation, por más de 959 millones (le faltaron 100.000 dólares para llegar a los 960 millones); esas dos compañías, unidas en ventas conjuntas ocasionales, no contabilizadas en las cifras anteriores, vendieron más de 427 millones; la McDonnell Aircraft, más de 700 millones; la Bath Iron Works y la Defoe Shipbuilding, en ventas conjuntas, más de 277 millones; la Martín Marietta, más de 253 millones; la Raytheon Corporation, más de 231 millones; la Sperry Rand, más de 149 millones. Hasta aquí las ventas mayores, casi todas de cohetes y aviones. En otros equipos militares, como cañones, equipos rodantes, tanques, la Ford Motor Company vendió más de 166 millones, y la Chrysler más de 154 millones. No queremos alargar esta lista con los nombres de las firmas que vendieron menos de 100 millones, que fueron varias.

El senador McCarthy confiere en su artículo[*] un papel político, dentro del campo militar, a esa venta de armas. Vamos a copiar las palabras del senador demócrata por Minnesota,

---

[*] Ver *Saturday Review*, july 9, 1966: "The U. S.: Supplier of Weapons to the World", by Eugene J. McCarty, pp.13-15.

porque parece difícil explicar lo que él dice de manera más breve y clara. Según McCarthy, al proporcionar armas y "se abre el camino de la influencia en los militares y también en la política de los países que las reciben. La experiencia ha demostrado que cuando se hace una entrega de armas, el instrumento militar es sólo el primer paso. Casi invariablemente, se necesita (enviar) una misión militar de entrenamiento, y el país que recibe (las armas) deviene dependiente del que las suple para los repuestos y para otros equipos militares".

Eso que el senador Fulbright llama "complejo militar-industrial" es el núcleo del pentagonismo; la exportación de armas y equipos militares a que se refiere el senador McCarthy es una operación que correspondería a los procedimientos típicos del ya superado imperialismo, pues también en la práctica imperialista había que comprar los repuestos de una maquinaria al país que había vendido esa maquinaria. Pero ya en la venta de armas entra a jugar el factor político pentagonista, pues el pentagonismo usa las misiones militares de adiestramiento, que son indispensables para enseñar el uso de los equipos nuevos, con un fin de penetración política en el terreno militar, sobre todo en los países económicamente dependientes de los Estados Unidos. En cuanto a los países más desarrollados, cuyos ejércitos no pueden ser sujetos al carro pentagonista, se persigue llevarlos al campo de la influencia pentagonista.

Al decir influencia no queremos decir colonizar, como apreciará el lector al leer el libro. La colonia del pentagonismo es el pueblo de su metrópoli. En cierto orden de cosas, todos los países capitalistas contribuyen económicamente al sostenimiento del pentagonismo, aunque en forma indirecta; pero no todos están pentagonizados. Esto se explica porque donde hay inversiones de capital norteamericano, los inversionistas cosechan beneficios que deben pagar —y pagan— impuestos al Gobierno de los Estados Unidos, y más de la mitad de todo lo que recauda el Gobierno de los Estados Unidos se destina al campo militar. Lo mismo se dice de las sumas pagadas a empresas norteamericanas por derecho de patentes. De manera que un francés o un italiano que están comprando productos de industrias establecidas en Francia o en Italia con capital norteamericano, o los que compran artículos producidos con patentes norteamericanas, son contribuyentes del pentagonismo; están sosteniendo ese poder oculto, pero real y monstruoso.

Así, pues, por vías indirectas, aquellos países más desarrollados en el mundo capitalista —más concretamente, los de Europa— contribuyen en mayor medida que los menos desarrollados al mantenimiento y a la expansión del pentagonismo. Pero no están pentagonizados, porque sus ciudadanos no tienen que ir a las guerras desatadas por el pentagonismo, porque su política exterior no está bajo el control directo del pentagonismo, y porque, en última instancia, su vida nacional no está girando —todavía— alrededor de los beneficios que deja la industria de guerra. Esto no significa, sin embargo, que se hallen exentos de caer en un porvenir más cercano o más lejano en el vórtice del pentagonismo. El peligro está ahí y aumenta a medida que el mundo capitalista progresa hacía una virtual dependencia económica del capital sobre desarrollado de los Estados Unidos.

En este sentido, la responsabilidad de los estadistas de los países más desarrollados en la porción capitalista de la Tierra es en verdad abrumadora, pues caer en ese vórtice es una manera de ayudar a precipitar una guerra catastrófica para todo el género humano; y no puede haber duda de que las pequeñas guerras controladas que el pentagonismo necesita para mantenerse vivo acabarán conduciendo inexorablemente hacia una guerra planetaria.

Benidorm,
28 de enero de 1968.

Qué es el pentagonismo

Si en una gran parte del mundo se sigue diciendo que hay países imperialistas y países colonizados es porque no nos hemos dado cuenta todavía de que el lugar del imperialismo ha sido ocupado por el pentagonismo.

En los días de su vigencia, que se prolongó hasta el final de la guerra de 1939-1945, la sustancia del imperialismo se explicaba como la conquista de colonias para aplicar en ellas los capitales sobrantes del país conquistador con el fin de sacar de las colonias materias primas con que mantener funcionando las instalaciones industriales de la metrópoli; al mismo tiempo las colonias se convertían en mercados compradores de las industrias metropolitanas, con lo que se establecía una cadena sinfín que ataba la vida económica de las colonias, mediante la sumisión política, al centro metropolitano.

De acuerdo con esa somera descripción del fenómeno llamado imperialismo, una colonia era a la vez una zona de aplicación de bienes de capital y una zona de acumulación de beneficios porque su mano de obra era barata, sus materias primas se pagaban a precios bajos, el sistema bancario de la metrópoli prestaba poco dinero, a corto plazo y a interés alto, los transportes de y hacia la metrópoli estaban bajo control y tenían tarifas elevadas para lo que compraban los colonos, y en cambio los productos manufacturados de la metrópoli llegaban a la colonia a precios altos. Esa situación de control económico se reducía, en fin de cuentas, a un propósito: que el trabajador colonial recibiera, pongamos, 10 unidades monetarias por hora de trabajo y tuviera que pagar 50 unidades por la hora de trabajo acumulado en un producto que se fabricaba en la metrópoli con la materia prima que ese mismo trabajador colonial —u otro de una colonia dependiente de la misma metrópoli— había producido a cambio de cinco veces menos dinero.

La conquista de una colonia, y su mantenimiento como territorio dependiente, reclamaba el uso de un poder militar destinado sólo a conquistar y retener el imperio colonial. Esto requería fondos, industrias de armas escuelas especializadas en la formación de oficiales y de administradores civiles destinados a las colonias, poetas, músicos y pintores, periodistas y oradores que formaran la atmósfera heroica adecuada a las guerras en los territorios destinados a ser colonias. Pero esa atmósfera ha desaparecido, y los niños que están naciendo ahora tendrán que recurrir a libros viejos y a películas de otras épocas para conocer la estampa de los ejércitos coloniales.

El imperialismo es ya una sombra del pasado, y sin embargo por inercia intelectual seguimos diciendo que todavía hay imperialismo y seguimos acusando a este y a aquel país de imperialistas. Puesto que las dos terceras partes de la Humanidad viven en sociedades capitalistas, y puesto que Lenín vinculó de manera indisoluble al imperialismo con el capitalismo —con su razón, en su caso y en su tiempo— al decir que el imperialismo era la última etapa —o la etapa más avanzada— del capitalismo, hay quienes piensan que el imperialismo subsiste porque aún subsiste el capitalismo. Pero se trata de una ilusión. El imperialismo no existe ya y el capitalismo le ha sobrevivido.

¿Cómo y por qué se explica lo que acabamos de decir?

Porque el imperialismo ha sido sustituido por una fuerza superior. El imperialismo ha sido sustituido por el pentagonismo.

El capitalismo industrial comenzó a desarrollarse en manos de técnicos, no de científicos, y empezó a incorporar a los científicos desde fines del siglo XIX. La ciencia puesta al servicio del capitalismo, iba a abrirle a éste fuentes insospechadas de producción que le proporcionarían recursos infinitos para la acumulación de capitales; fuentes tan numerosas y tan productivas que junto a ellas las riquezas coloniales parecerían juegos de niños. Valiéndose del trabajo de los científicos, el capitalismo industrial iba a evolucionar rápidamente, después de la guerra de 1914-1918, hacia una etapa no prevista de sobre desarrollo, a la cual llegaría con motivo de la Segunda Guerra Mundial. Al entrar en la era atómica el capitalismo sería tan diferente del que había conocido el mundo hasta el 1939 que, en términos de evolución histórica, iba a corresponder al siglo XXI más que al siglo XX.

El capitalismo de hoy es capitalismo sobre desarrollado. Este nuevo tipo de capitalismo no necesita recurrir a territorios dependientes que produzcan materias primas baratas y consuman artículos manufacturados caros. El capitalismo sobredesarrollado ha hallado en sí mismo la capacidad necesaria para elevar al cubo los dos términos del capitalismo que se ponían en juego en la etapa imperialista. Sus formidables instalaciones industriales, operando bajo condiciones creadas por la acumulación científica, pueden producir materias primas antes insospechadas a partir de materias primas básicas y a costos bajísimos; esas nuevas materias primas, de calidad, volumen, consistencia y calibre científicamente asegurados, han permitido ampliar a cifras fabulosas las líneas de producción y con ello han hecho del subproducto la clave del beneficio mínimo indispensable para mantener una industria funcionando, de manera que los beneficios obtenidos con los productos principales se acumulan para ampliar las instalaciones o establecer otras nuevas, y el resultado final de ese proceso interminable es una productividad altísima, nunca antes prevista en la historia del capitalismo. Gracias a esa alta productividad, el capitalismo sobredesarrollado puede pagar a sus pueblos salarios muy elevados, lo que ha dado origen, dentro de sus propias fronteras, a un poder adquisitivo que crece a ritmo galopante y que a su vez permite capitalizar a un grado que no hubiera sido capaz de sospechar el más apasionado promotor de expediciones militares para conquistar colonias en los mejores días de Victoria, reina y emperatriz.

Ahora bien, ese fenómeno, que debía originar necesariamente nuevos tipos de relaciones de las metrópolis con sus colonias —la descolonización del general De Gaulle o el Commonwealth británico— ha dado origen, en el país del capitalismo más sobre desarrollado, a un fenómeno nuevo. Este es el pentagonismo, que ha venido a ocupar el lugar que hasta hace poco ocupó el imperialismo. El imperialismo ha desaparecido ya del Globo, y con él debe desaparecer la palabra que lo definía. Lo que está operando ahora en la América Latina, en Asia, en África —en todas las áreas poco desarrolladas— no es el viejo imperialismo definido por Lenín como la última etapa —o la más avanzada— del capitalismo. Es el pentagonismo, producto del capitalismo sobredesarrollado.

El pentagonismo retiene casi todas las características del imperialismo, especialmente las más destructoras y dolorosas, pero es una modalidad más avanzada, que se relaciona con el imperialismo en la medida en que el capitalismo sobredesarrollado de hoy se relaciona con el capitalismo industrial del siglo XIX; para decirlo de manera más gráfica, el pentagonismo se parece al imperialismo en la cualidad de sus efectos, no en las dimensiones, así como el cañón que se usó en la guerra franco-prusiana de 1870 se parece a la bomba atómica lanzada en Hiroshima en que los dos producían la muerte, pero no el mismo número de muertos.

Sin embargo, el pentagonismo se diferencia del imperialismo en lo que éste tenía de más característico, que era la conquista militar de territorios coloniales y su subsecuente explotación económica. El pentagonismo no explota colonias: explota a su propio pueblo. Este es un fenómeno absolutamente nuevo, tan nuevo como el propio capitalismo sobresarrollado que dio nacimiento al pentagonismo.

Para lograr la explotación de su propio pueblo el pentagonismo realiza la colonización de la metrópoli, pero como para colonizar a la metrópoli hay que hacerlo con el mismo procedimiento militar que se usaba para conquistar una colonia y resulta que la guerra no puede hacerse contra el pueblo propio, los ejércitos metropolitanos son lanzados a hacer la guerra contra otros países. Como eso era lo que se hacía en los tiempos ya idos del imperialismo —lanzar el ejército metropolitano sobre un territorio extranjero—, se sigue pensando que el imperialismo está vigente aún. Pero no es así. Efectivamente, no ha cambiado el uso del poder militar; lo que ha cambiado es su finalidad.

Las fuerzas militares de un país pentagonista no se envían a conquistar dominios coloniales. La guerra tiene otro fin; la guerra se hace para conquistar posiciones de poder en el país pentagonista, no en un territorio lejano. Lo que se busca no es un lugar donde invertir capitales sobrantes con ventajas; lo que se busca es tener acceso a los cuantiosos recursos económicos que se movilizan para la producción industrial de guerra; lo que se busca son beneficios donde se fabrican las armas, no donde se emplean, y esos beneficios se obtienen en la metrópoli pentagonista, no en el país atacado por él. Rinde varias veces más, y en tiempo mucho más breve, un contrato de aviones que la conquista del más rico territorio minero, y el contrato se obtiene y se cobra en el lugar donde está el centro del poder pentagonista. Los ejércitos operan lejos del país pentagonista, pero los aviones se fabrican en él, y es ahí donde se ganan las sumas fabulosas que produce el contrato. Esas sumas salen del pueblo pentagonista, que es al mismo tiempo la metrópoli y por tanto el asiento del poder pentagonista.

El pueblo pentagonista es explotado como colonia, puesto que es él quien paga a través de los impuestos los aviones de bombardeo que enriquecen a sus fabricantes; de donde resulta que la metrópoli pentagonista convierte a su propio pueblo en su mejor colonia; es a la vez metrópoli y colonia, en una simbiosis imprevista que requiere de un nuevo vocablo para ser definida. No es ya el imperio clásico porque no necesita territorios coloniales para acumular beneficios. No hay ya una metrópoli que explota y una colonia explotada; hay otra cosa: hay el impentagonal o la metropocolonia.

Lo que gastan los Estados Unidos en un mes de guerra en el Viet Nam no podrían recuperarlo en cinco años si se dedicaran a sacar de la vieja Indochina materias primas baratas y al mismo tiempo le vendieran productos manufacturados caros; y lo que gastan allí en un año de operaciones militares no podrían sacarlo en medio siglo ni aun en el caso de que los dos Viet Nam —el del Norte y el del Sur— estuvieran cubiertos por una lámina de oro de un centímetro de espesor. Si las minas de brillantes del Transvaal estuvieran situadas en Viet Nam no producirían en cincuenta años de explotación intensiva lo que los Estados Unidos gastaron en 1967 combatiendo en Viet Nam.

Pero de lo que los Estados Unidos gastan en un año en el territorio norteamericano para fabricar armas, buques, aviones de guerra, ropa, zapatos, medicinas y cerveza para las fuerzas que operan en Viet Nam, los pentagonistas sacan lo necesario para mantener funcionando sus fabulosas instalaciones industriales y para pagar los salarios más altos del mundo, lo que a su vez se transforma, mediante el aumento del poder adquisitivo de los que cobran esos salarios, en una ultrarrápida formación de capitales por la vía de los beneficios. La escalada de la guerra de Viet Nam comenzó en mayo de 1965; pues bien: en el año 1966 los Estados Unidos tenían 164 millonarios más que en 1965, según información de la Dirección General de Impuestos sobre los Beneficios.

Esos capitales tan velozmente acumulados no son empleados en Viet Nam, ni en todo ni en parte, con propósitos reproductivos, como lo hubieran sido en el caso de que la guerra fuera una típica operación imperialista, de conquista del territorio indochino para someterlo a explotaciones económicas. Esos capitales son empleados en los Estados Unidos para producir más elementos de guerra y más artículos de consumo que permitan recuperar por esta última vía una parte de los altos salarios que están recibiendo obreros y empleados.

Aunque se han escrito varios estudios para probar que los gastos militares de los Estados Unidos tienen poca influencia en la economía general del país, se ha ocultado el papel que esos gastos tienen en la formación y en el mantenimiento del pentagonismo como fuerza dominante en la vida norteamericana. A partir del año 1951 el presupuesto militar de los Estados Unidos pasó a ser más alto que el presupuesto del gobierno civil (federal), lo que en términos políticos significa que el poder militar comenzó a ser mayor que el poder civil puesto que disponía de más medios que éste, y en consecuencia el poder civil comenzó a depender más y más, para su estabilidad, de los gastos pentagonistas.

La palabra "estabilidad" no tiene en los Estados Unidos el mismo significado, aplicada al gobierno, que en otros países. Allí un gobierno tiene mayor estabilidad cuando la opinión pública lo respalda mayoritariamente. Y resulta que los gastos del Pentágono han pasado a ser fundamentales para obtener ese respaldo. El presidente Johnson lo reconoció así en su informe de principios de año —enero 1967— al Congreso de la Unión cuando dijo que "el aumento en los gastos de defensa contribuyó (a crear) un cambio significativo en el clima de la opinión (pública). *El escalamiento de* (la guerra de) *Viet Nam* aseguró virtualmente a los hombres de negocios americanos que en el futuro cercano no habría cambios *económicos* hacia atrás"[1].

Cuando el presidente Johnson afirmó que los gastos militares habían producido "un cambio significativo en el clima de la opinión" (pública), se refería, desde luego, a un cambio favorable al gobierno, no a un cambio adverso; luego, la estabilidad del gobierno se afirmó gracias a los gastos militares que fueron hechos con motivo del escalamiento de la guerra en Viet Nam.

Aunque vamos a seguir copiando las declaraciones del presidente Johnson, por el momento queremos llamar la atención hacia la frase clave que se refiere a los hombres de negocios americanos, pues volveremos sobre ella al estudiar las consecuencias del pentagonismo en la vida política de los Estados Unidos.

La cita del presidente Johnson, que hemos tomado de un documento oficial norteamericano, desmiente a los estudiosos de encargo que han querido demostrar, manejando estadísticas con habilidad de prestidigitadores, que los gastos militares han influido poco en el aumento de la producción

---

[1] Esta cita y las que le siguen han sido tomadas de *Economiíc Report of the President Transmited to the Congress*, January 1967. United States Government Printing Office. Washington: 1967. Las palabras del Sr. Johnson fueron las siguientes (pág. 46): "Furthermore, the expansion of defense spending contributed to a significant change in the climate of opinion. The Viet Nam build up virtually assured American businessmen that no economic reverse would occur in the near future".

—y de la productividad— en los Estados Unidos. Unas pocas líneas después de lo que hemos copiado, el presidente Johnson dijo: "El aumento en los gastos de defensa infló lo que era ya (del segundo trimestre de 1965 al primer trimestre de 1966) una fuerte marea alta de gastos en inversiones de negocios"[2]. Inmediatamente dio las siguientes cifras:

"Desde el segundo trimestre de 1965 al primer trimestre de 1966, los gastos de los negocios en nuevas estructuras y en equipos subieron a 9 billones (de dólares)[3]. La liberalización de los gastos para la defensa y para la seguridad social aumentaron velozmente el crecimiento de entradas disponibles. Los gastos de los consumidores respondieron fuertemente, aumentando en 29 billones sobre este intervalo de tres cuartos de año. En total, el PNB (producto nacional bruto) avanzó a un promedio de 16 billones por trimestre. La producción real subió a un promedio anual fenomenal de 7,2 por ciento, y la producción industrial subió a un promedio anual del 9,7 por ciento"[4].

Aunque estas afirmaciones del presidente de los Estados Unidos son importantes, porque desmienten de manera categórica cuanto se ha dicho con el propósito de desvirtuar la

---

[2] Fuente mencionada. Copiamos en inglés (págs. 46 y 47): "The increase in defense spending swelled an already strongly rising tide of business investment". La mención del tiempo correspondiente figura en el párrafo siguiente.

[3] Un billón equivale en Estados Unidos a 1.000 millones; así, pues, 9 billones de dólares son 9.000 millones de dólares.

[4] Fuente mencionada. Copiamos en ingles (págs. 46 y 47): "From the second quarter of 1965 to the first quarter of 1966, business spending for new structures and equipment rose by 9 billions. Defense investment, and social security liberalization, in combination, speeded the growth of disponible income. Consumer spending responded strongly, growing by 29 billions over this three -quarter interval. All in all, GNP advanced at an average of 16 billions a quarter. Real output grew at a phenomenal rate of 7.2 per cent, and industrial production rose at an annual rate of 9.7 per cent".

importancia de los gastos de guerra en el crecimiento de la economía norteamericana, su valor político está en la frase a que nos hemos referido, aquella de que el "escalamiento de (la guerra de) Viet Nam aseguró virtualmente a los hombres de negocios americanos que en el futuro cercano no habría cambios económicos hacia atrás". Esos "hombres de negocios americanos" son los que manejan la economía pentagonal, los que se reparten los beneficios que dejan los contratos militares; esos son los industriales, los banqueros, los transportadores, los comerciantes y los promotores que junto con los generales y los políticos pentagonistas manejan la política internacional de los Estados Unidos.

Es cierto que el desaparecido imperialismo daba beneficios a los fabricantes de armas. Pero esos beneficios eran en cierta medida marginales; algo así como comisiones avanzadas sobre una operación mercantil de largo alcance. Los beneficios que buscaban los capitalistas —y los gobiernos de los países imperialistas— no eran los inmediatos que proporcionaba la venta de equipos militares. Los beneficios que se perseguían mediante la conquista de un territorio colonial eran los de inversiones a largo plazo. Los gastos de la conquista —incluyendo en ellos, desde luego, los equipos y la movilización militar— presentaban gastos de promoción para establecer empresas que debían empezar a rendir beneficios después que la conquista se consolidaba y se organizaba la explotación. Hay que tomar en cuenta que todos los gastos, incluyendo en ellos el valor de los equipos, producidos por un ejército colonial que se enviaba en el siglo XIX al corazón de África o aun país asiático no podían acercarse siquiera a la enorme cifra que supone el costo de producción —sólo de producción— de un escuadrón de bombarderos B-52. Por otra parte, una vez que se hacía el gasto de la conquista comenzaban las inversiones en bienes de capital para organizar la explotación de equipos como ferrocarriles, plantas mineras, puertos. Víctor Raúl Haya de la Torre vio claro este fenómeno cuando al comentar la tesis de Lenín sobre el imperialismo dijo que el líder ruso tenía razón en cuanto a los países capitalistas, pero que en los países coloniales el imperialismo significaba la primera etapa del capitalismo, no la última, puesto que llevaba a esos territorios las inversiones de bienes de capital y las técnicas capitalistas de explotación, que antes no se conocían.

El pentagonismo no opera con criterio de inversiones de capital en un territorio colonial. El pentagonismo opera con métodos militares iguales o parecidos a los que usaba el imperialismo, pero su finalidad es distinta. Para el pentagonismo el territorio que va a ser o está siendo atacado es sólo un lugar destinado a recibir material gastable, tanto mecánico como humano. En ese sitio van a consumirse las costosas máquinas de guerra, las balas, las bombas, las medicinas, las ropas, el cemento, los equipos de construcción de cuarteles y caminos y puentes, la bebida y la comida de los soldados, y también los propios soldados o por lo menos muchos de ellos. El país atacado es el depósito final de los bienes producidos y ya vendidos y cobrados en la metrópoli.

Desde cierto punto de vista, para los que acumulan beneficios con la producción de esos bienes daría lo mismo tirarlos al mar que usarlos en operaciones de guerra. Pero en ese caso quedaría rota la cadena sinfín de producción, altos beneficios, altos salarios, mayores ventas, acumulación ultrarrápida de capitales y ampliación de la producción para volver a empezar, puesto que no podría justificarse la producción de equipos tan costosos y de tan corta duración si no estuvieran destinados a la guerra. Por otra parte, sólo un estado de guerra —que el pueblo pentagonista acepta como situación de emergencia— autoriza gastos fabulosos y la celebración de contratos a gran velocidad y con firmas que dispongan del prestigio, de los créditos y de los medios para producir equipos inmediatamente.

Hay que tomar en cuenta que para cumplir un contrato de producción de bombarderos B-52 —para seguir con el ejemplo— se necesita descontar en uno o en varios bancos cientos de millones de dólares, y eso sólo pueden hacerlo fácilmente los industriales que son, directa o indirectamente, directores de esos bancos, esto es, los grandes contratos tienen que ir a firmas establecidas que disponen de antemano de poder financiero e industrial.

En términos de negocios, el pentagonismo es la más fabulosa invención hecha por el hombre y tenía necesariamente que producirse en el país capitalista por excelencia, en el del capitalismo sobredesarrollado, puesto que era allí donde la capacidad para acumular beneficios se había colocado en lo más alto la escala de los valores sociales.

El pentagonismo tiene varias ventajas sobre el decrépito y ya inútil imperialismo. De esas ventajas podemos mencionar dos: una de tipo económico y una de tipo moral. La primera consiste en que proporciona la manera más rápida y más segura de capitalización que podía concebirse en el mundo de los negocios, puesto que la totalidad de los beneficios —o por lo menos la casi totalidad— llega a manos de negociantes de la guerra antes aun de que los equipos militares hayan sido puestos en uso. En este aspecto, tal vez sólo el trabajo en los placeres de oro de California proporcionó ganancias tan rápidas y tan netas, aunque desde luego relativamente limitadas. La segunda ventaja —la de aspecto moral— consiste que deja a salvo el prestigio del país pentagonista, es el atacante, porque puede decir al mundo —y a su propio pueblo, que da el dinero para los equipos y para los beneficios de los negociantes y al mismo tiempo proporciona los soldados que van a manejar esos equipos y a morir mientras los usan— que no esta haciendo la guerra para conquistar territorios coloniales, es decir, que no está actuando con propósitos imperialistas.

Esto último es verdad, pero al mismo tiempo oculta la verdad más importante; la de un pequeño grupo de banqueros, industriales, comerciantes, generales y políticos está haciendo la guerra para obtener beneficios rápidos y cuantiosos, que se traducen en acumulaciones de capital y por tanto en las inversiones nuevas con las cuales vuelven a aumentar sus beneficios.

La parte de verdad que sirve para ocultar la verdad fundamental es a su vez un instrumento de propaganda para proseguir la carrera del pentagonismo. Los jóvenes incorporados al ejército se convencen fácilmente de que su país no es imperialista, de que no está guerreando para conquistar un territorio colonial. Es más, se les hace creer que están yendo a la muerte para beneficiar al país atacado, para salvarlo de un mal. Y esto es muy importante para llevar a los hombres a morir y a matar, hay que ofrecerles siempre una bandera moral que endurezca sus conciencias y los justifique ante sí mismos.

El nacimiento del pentagonismo

El imperialismo tuvo una larga etapa de agonía, pero su hora final podía apreciarse con cierta claridad ya a fines de la guerra mundial de 1939-1945. Después de esa gran hecatombe el imperialismo podía tardar en morir cinco años, diez años, quince años, mas era evidente a los ojos de cualquier observador que estaba condenado a muerte en un plazo más corto que largo. Entre los móviles de la guerra ocupó un lugar importante el reclamo alemán de "espacio vital", esto es, territorio colonial para el Tercer Reich; de manera que al final de una guerra que se había hecho para destruir ese Tercer Reich, hubiera sido injustificable hablar de repartos de áreas coloniales.

Pero esa no fue la causa profunda de que los países vencedores en la guerra no se repartieran las colonias de los vencidos —Italia y Japón—. La causa más inmediata e importante fue de tipo práctico, no moral. Los ataques japoneses a los imperios coloniales europeos en el Pacífico —especialmente en Indonesia e Indochina— barrieron las fuerzas militares de las metrópolis en esa zona y dieron paso a grandes movimientos nacionalistas que en su oportunidad liquidaron la era colonial en el Asia; al mismo tiempo apareció, también al favor de la ocupación japonesa de China, la China comunista, que era medularmente un gran poder anticolonialista. La ola nacionalista se extendió mucho más allá del Pacífico; alcanzó a

África, produjo la guerra argelina y determinó el surgimiento de nuevos países en el continente africano.

La estrategia de los países imperialistas consistió en retirar las fuerzas militares y afirmar el predominio económico, que era más difícil de combatir debido a que ya estaba en uso el sistema de controlar los mercados de producción y de venta a través de la concentración internacional del gran capitalismo. En realidad, el plan de colocar bancos y ligazones comerciales e industriales en el lugar que habían ocupado los ejércitos se había iniciado antes de la Segunda Guerra Mundial; este nuevo sistema había convivido con el antiguo —el típicamente imperialista— desde principios de la década del treinta hasta finales de la década del cincuenta. En esos años se había dado cumplimiento al principio que había establecido en el siglo XVIII el economista español don José Campillo de Cosío cuando dijo que el país que dominara la vida económica de otro país no necesitaría tener sobre él control militar. Ese principio fue puesto en ejecución por los Estados Unidos al comenzar la tercera década de este siglo, cuando el presidente Franklyn Delano Roosevelt estableció la llamada Política del Buen Vecino como un sustituto del imperialismo crudo en las relaciones de su país con la América Latina.

En un proceso histórico normal, el imperialismo que entraba en su etapa de muerte después de la Segunda Guerra Mundial debió ser reemplazado por esa Política del Buen Vecino llevada a escala planetaria, puesto que si lo que buscaba el imperialismo era lugares de inversión para sus capitales sobrantes y para colocar el sobrante de su producción industrial, podía obtenerlo —con ciertas, pero muy mínimas limitaciones— haciendo uso de su poder económico solamente, visto que el reparto de los territorios coloniales se había hecho antes de 1930. Pero sucedió que no hubo un proceso histórico normal porque bajo tensiones de la gran guerra la de —1939-1945— el sistema capitalista se aseguró la colaboración de científicos, los puso a su servicio y pasó a convertirse capitalismo sobredesarrollado. Ese salto gigantesco significó transformaciones también gigantescas tanto en el orden cuantitativo como en el cualitativo, y si bien los Estados Unidos estaban preparados para absorber las novedades de tipo cuantitativo, no lo estaban para absorber las de orden cualitativo. En esa coyuntura histórica la Unión Soviética, bajo el liderato de Stalin, produjo la llamada guerra fría, y para responder a ese movimiento político de alcances mundiales los Estados Unidos se dedicaron a montar una organización militar permanente; y resultaba que ese nuevo factor de poder aparecía en la sociedad norteamericana sin que ésta estuviera preparada para asimilarlo. En la base institucional de los Estados Unidos no había lugar para un ejército permanente.

Los Estados Unidos se habían organizado en el siglo XVIII como una sociedad eminentemente individualista; su constitución política, sus hábitos y sus tradiciones eran los de un país individualista. Sin embargo, a partir de la gran crisis económico-social de 1929 los Estados Unidos comenzaron a transformarse en una sociedad de masas —lo que era, desde luego consecuencia de la mayor extensión de la actividad industrial—, y al terminar la guerra de 1939-1945 eran ya una sociedad de masas en todos los aspectos.

Esa sociedad de masas siguió organizada jurídica e institucionalmente como sociedad individualista, y como es lógico, en el fondo de la vida norteamericana se planteó, y sigue planteado, un conflicto de vida o muerte entre lo que es —una sociedad de masas— y lo que se cree que es —una sociedad de individuos libres—.

En un conflicto entre la apariencia jurídica o institucional y la verdad social, acabará imponiéndose la última. Esta se halla viva y aquélla muerta; ésta produce hechos reales, pensamientos y sentimientos que se imponen con una fuerza arrolladora; en ocasiones simula que es obediente a la apariencia jurídica institucional, pero en definitiva actuará en términos de su propia naturaleza porque esa naturaleza es la expresión íntima y real de la verdad social.

La verdad social norteamericana ahora es que el pueblo está encuadrado, sin su consentimiento y sin su conocimiento, en una sociedad de masas; su idea es que él es parte de una sociedad individualista. La solución de ese conflicto entre lo que el país es y lo que cree que es, se presenta en términos de actuación masiva dirigida por una voluntad externa a su conciencia. Esa voluntad externa a su conciencia se halla instalada en poderes que no figuran en la constitución política de los Estados Unidos ni en ninguna de las leyes del país que podrían considerarse de categoría constitucional.

La sociedad de masas ha producido, pues, órganos de poder que no tienen un puesto ni en las instituciones tradicionales del país ni en los hábitos del pueblo. Uno de esos poderes es el militar; otro, aunque no viene al caso mencionarlo en este trabajo, es la CIA.

El poder militar norteamericano está concentrado en el Pentágono en términos de mando de todas las fuerzas armadas. Ese mando tiene autoridad de vida y muerte sobre los ciudadanos, puesto que todos los ciudadanos de los Estados Unidos deben teóricamente servir en algún momento bajo la autoridad militar; ese mando tiene también un poderío económico superior al del gobierno federal y dispone de él sin cortapisas. Nos hallamos, pues, ante un poder real, no ante una entelequia; ante un poder que se ejerce sobre los ciudadanos de su propio país y sobre sus bienes, sobre su tiempo y sobre sus vidas; sin embargo, nadie sabe cuál es la base jurídica de ese poder tan enorme.

Un elector norteamericano puede elegir al Presidente y al Vicepresidente de la República, a los senadores y diputados al Congreso federal y a los diputados de las legislaturas de los Estados, a los gobernadores de los Estados, a los alcaldes y a los miembros de los consejos municipales. Se le reconoce el derecho a elegir sus autoridades porque él las paga y paga los gastos de la nación y además porque lo que hagan esas autoridades le afectará en una medida o en otra. Sin embargo, él paga los gastos militares, a él le afectan las decisiones de las autoridades militares en una medida más importante que las que toman las autoridades civiles, pero no pueden elegir ni a los generales ni a los coroneles que disponen de sus bienes y de su vida. Tampoco puede el ciudadano elegir a los jefes de la CIA, cuyos actos provocan en algunas ocasiones decisiones políticas que van envueltos los intereses fundamentales de la nación y la vida de sus hijos. Lo que acabamos de decir indica que en la sociedad norteamericana hay actualmente grandes poderes que no responden a las bases de la organización jurídica nacional. Esta organización descansa en la elección de las autoridades por parte del Pueblo, y el Pueblo se encuentra ahora con que hay autoridades con poderes excepcionales que no son elegidas por él.

Se dirá que en ninguna parte del mundo los militares son elegidos por el Pueblo. De acuerdo. Pero es que en ninguna parte, si nos atenemos al estado de Derecho moderno, hubo jamás un poder militar instalado en el centro mismo de la vida de un país que había vivido 175 años sin ejército y que no había creado, por eso mismo, defensas legales ni de hábito social contra la existencia de un poder militar tan grande. De buenas a primeras, en medio de un pueblo eminentemente civil en su organización, surgió un poder militar que en menos de quince años pasó a ser más fuerte que el poder civil. Por eso dijimos que los Estados Unidos no estaban preparados para los cambios cualitativos que produjeron, operando cada una desde una dirección propia, la conversión del pueblo en sociedad de masas, la guerra de 1939-1945 y su efecto sobre el paso del capitalismo industrial a capitalismo sobredesarrollado, y la guerra fría que tan hábilmente condujo Josef Stalin.

La generalidad de las gentes piensan con los criterios adquiridos desde tiempo atrás y esos criterios del pasado se proyectan sobre los hechos nuevos con tanta intensidad que no permiten verlos claramente. La inmensa mayoría de las gentes sigue creyendo que el poder civil norteamericano es lo que era ayer, la fuerza superior en el país. Sin embargo no es cierto. El poder se mide por los medios de que se dispone y que se usa, y en un país eminentemente capitalista como son los Estados Unidos, el poder se mide sobre todo en términos de dinero. El Pentágono dispone de más dinero que el gobierno federal norteamericano, ese sólo hecho indica que el Pentágono es real y efectivamente más poderoso que el gobierno federal.

En el año 1925 el presupuesto general de los Estados Unidos era de 3.063 millones de dólares; 600 millones estaban destinados a las fuerzas armadas. En el 1950 el presupuesto general era de 39.606 millones y el militar de 13.176; esto es, mientras el presupuesto nacional había aumentado un poco menos de 13 veces, el militar había aumentado casi 22 veces y era inferior en menos de 100 millones al presupuesto general del país en el año 1941. Diez años después, en el 1960, el presupuesto general era 75.200 millones y el del Pentágono alcanzaba al 5 por ciento de esa cantidad; esto es, de 46.300 millones, más de 2.220 millones más elevado que el presupuesto nacional de 1951. Los gastos del pentágono sobrepasarán en el presupuesto 1967-1968 todos los gastos nacionales, incluidos los militares, del presupuesto 1960-1961.

Con excepción de los años de la gran guerra de 1939-1945, que para los Estados Unidos comenzó a partir de 1941, los gastos militares del país habían sido siempre desde 1925, inferiores a los del gobierno federal en un tanto por ciento importante; pero desde el año 1951 el capítulo de gastos militares comenzó a ocupar cada año más de la mitad de los fondos fiscales. En estas proporciones está la verdad fenómeno político que podemos calificar como lanzamiento del poder real en los Estados Unidos de las manos del poder civil —gobierno federal— a las del poder militar —Pentágono—. En los datos que acabamos de dar no figuran las sumas que gastan los departamentos civiles del gobierno a causa de actividades militares.

Esas cifras se refieren al poder militar en términos de soldados, sean generales o sargentos. Pero el pentagonismo no está formado sólo por militares. El pentagonismo es un núcleo de poder que tiene por espina dorsal la organización militar, pero que no es exclusivamente eso. En el pentagonismo figuran financieros, industriales, comerciantes, escritores, periodistas, agentes de propaganda, políticos, religiosos; el pentagonismo es una suma de grupos privilegiados, la crema y nata del poder económico-social-político de los Estados Unidos.

La mejor demostración de hasta dónde el pentagonismo ha tomado ventaja del conflicto que tiene el país en sus estructuras sociales y jurídicas debido al hecho de que su organización social es de masas y su organización institucional es individualista, lo tenemos a la vista en la guerra de Viet Nam: al tiempo que de acuerdo con la Constitución federal es el Congreso, y sólo él, quien tiene la facultad de iniciar una guerra por el expediente de declararla, los ciudadanos norteamericanos combaten y mueren a miles de millas de su país sin que el Congreso haya declarado la guerra.

Los representantes legales del pueblo, que son los miembros del Congreso, no tienen ni voz ni voto en una acción que sólo ellos podían autorizar; en cambio se ven forzados a autorizar los gastos de esa acción; a ordenar que el pueblo pague una guerra y a que tome parte en esa guerra que se hace sin que se haya cumplido el requisito que reclama la Constitución. Para justificar la ilegalidad se buscaron subterfugios legales, pero hay una verdad como un templo que ningún subterfugio puede desvirtuar: Los Estados Unidos están en guerra contra la república de Viet Nam del Norte; bombardean sus ciudades, matan a sus ciudadanos, cañonean sus puertos, destruyen sus caminos y fábricas; todo ello sin una declaración de guerra y sin que los ciudadanos norteamericanos parezcan darle importancia a lo que hay de trascendental en ese hecho. Que los hijos de un país vayan a matar y a morir en una guerra que comenzó y se mantiene sin haberse cumplido los requisitos legales que son propios de ese país, indica que para esos ciudadanos tales requisitos legales carecen de validez. Ellos obedecen no a las leyes del país, sino a los jefes reales de ellos; y los jefes reales de las masas norteamericanas no son hoy los funcionarios públicos: son los que pagan a esas masas organizadas a través de sus industrias, negocios y comercios, y estos señores son, junto con los jefes militares, los líderes del pentagonismo. El poder político se encuentra ya en las manos de personas elegidas por el pueblo; el poder no responde ya a los cánones constitucionales porque ha dejado de existir el pueblo individualizado hombre a hombre y mujer a mujer; lo que hay en su lugar son grandes masas, con pensamientos, sentimientos y actos masivos, manejados por las fuerzas pentagonistas.

La sociedad de masas de los Estados Unidos, un hecho sociológico que se formó y desarrolló de manera tan natural que nadie acertó a verlo a tiempo, ha producido excrecencias gigantescas que no estaban previstas en el esquema jurídico nacional y que no responden a los mecanismos típicos de las sociedades individualistas. Al mismo tiempo el gran capital sobredesarrollado —que llevó a su plenitud a esa sociedad de masas y por tanto a sus excrecencias— encontró un campo de sustentación, y el impulso para la dinámica de su crecimiento, en el establecimiento del gran organismo militar llamado el Pentágono. Así pues, una vez producidos la sociedad de masas y el Pentágono, al entrar en agonía el imperialismo el capital sobredesarrollado se valió de las nuevas condiciones existentes para crear el pentagonismo y colocarlo en el lugar que había ocupado el imperialismo.

Para que esto fuera posible era necesario, sin embargo, que hubiera en los Estados Unidos una atmósfera pública, o bien favorable, o bien no opuesta a esos cambios. En efecto, había esa atmósfera en unos casos favorable y en otros no opuesta. Había una corriente de opinión que tenía su origen en la propaganda que se había iniciado a raíz de la revolución rusa, dirigida a presentarla como una colección infernal de fechorías que debía ser aniquilada por los norteamericanos. Pero otras corrientes eran de formación más antigua y se hallaban probablemente instaladas en las raíces biológicas e históricas de los Estados Unidos; venían trabajando el alma de ese pueblo por varias vías desde hacía por lo menos 150 años, y al entroncar en ellas el concepto misional creado por la propaganda anticomunista, el conjunto tomó una fuerza arrolladora que salió a la superficie al provocarse con la guerra fría la crisis definitiva —aunque desconocida— entre la sociedad real de masas y la organización jurídica individualista; o, si preferimos decirlo en términos de causas y no de efectos, al quedar impuesto en el centro de la vida norteamericana el régimen del gran capitalismo sobredesarrollado.

Esas condiciones subjetivas de origen antiguo determinaron un predominio de lo germánico en el carácter nacional norteamericano.

Todos sabemos que no hay raza superior ni hay raza inferior, pero no debemos poner en duda que los pueblos desarrollan un carácter nacional, una manera bastante generalizada de reaccionar ante determinados problemas. Durante siglos los germanos tuvieron una inclinación evidente hacia los odios raciales y hacia las glorias guerreras; pero la más distintiva de las inclinaciones germánicas fue la propensión a confiar en las armas, no a la acción política, la solución de sus conflictos con otros pueblos. El pueblo norteamericano es racista, odia al negro, odia al indio y al hispanoamericano, y si no se desarrolló odio al judío se debe a su peculiar educación religiosa, y siendo los judíos el pueblo del Libro Sagrado no debía ser perseguido. Además, los norteamericanos prefieren usar el poder armado antes que los medios políticos los casos en que encuentran oposición a sus planes en otros países.

Esta tendencia norteamericana a reaccionar como lo hacían los germanos puede deberse a varias causas, pero debemos tener presente que en el torrente de inmigrantes europeos que se establecieron en los Estados Unidos entre fines del siglo XVIII y mediados del XIX, la mayor cantidad fue de alemanes. En Norteamérica hay regiones enteras que fueron pobladas por alemanes, y llegó a haber alemanes de nacimiento en todas las ramas del gobierno federal y de los Estados. Los hábitos de pensar y de sentir típicos del germano debieron ser predominantes en la época de la elaboración de eso que podríamos llamar los fundamentos del carácter nacional norteamericano.

Por otra parte, los Estados Unidos comenzaron temprano —cuando todavía eran colonias inglesas— a glorificar a los hombres de armas. Su gobierno era civil, su sociedad era civil, no militar, pero el pueblo adoraba a los guerreros vencedores.

Este sentimiento de adoración a los militares se desarrolló paralelamente con la organización civil del gobierno y de la sociedad; y eso explica que al mirar hacia el gobierno y hacia la sociedad de Norteamérica los demás Pueblos del mundo se fijaran en su aspecto civil y no pusieran atención en las actividades militares de los individuos. Al final, la inclinación hacia las virtudes militares acabó impregnando el país, y hoy los Estados Unidos son una nación de guerreros.

Pero si hemos dicho "hoy", debemos volver la vista atrás y recordar que el pueblo norteamericano ha conocido, en conjunto, muy pocos años de paz; que ha llevado a cabo varias guerras contra ingleses, españoles mexicanos; contra sus propios indios, alemanes, chinos, japoneses, italianos; que ha guerreado en su territorio, en México, en Nicaragua, en las Antillas, en Oceanía, en África, Europa y Asia. Los Estados Unidos es el único gran Estado industrial que tuvo una guerra formal dentro de sus límites nacionales; no una revolución en que una parte del pueblo peleaba contra otra parte del pueblo, sino una guerra de una parte del país contra otra parte del país, cada una con su propio gobierno, su propio ejército, sus propias leyes; fue la guerra del Sur contra el Norte, en la que combatieron dos naciones sobre una frontera común; y tanto fue así que esa contienda larga y sangrienta como pocas aparece definida en la historia del país como una guerra, no como una revolución, y se llama la Guerra de Secesión. Han pasado más de cien años desde que se hizo la paz entre los ejércitos combatientes y todavía los sureños ven a los del Norte como el enemigo de otro país que los venció y ocupó y esquilmó su territorio.

La admiración del pueblo norteamericano por los jefes militares vencedores se mide por este dato: todos, sin excepción, triunfaron en las elecciones en que se presentaron candidatos. La lista de nombres, en este punto, es larga, pero nos bastará recordar los más conocidos: George Washington, vencedor de los ingleses en la guerra de independencia; Andrew Jackson, vencedor de los indios creeks, de los ingleses en New Orleans y de los españoles en la Florida —el mismo Jackson que desde la presidencia autorizó la conspiración que separó Texas de México—; Zachary Taylor, el que entró en México en 1847 al frente de las tropas norteamericanas; Ulises S. Grant, el vencedor de Lee en la Guerra de Secesión; Theodore Roosevelt, el de las cargas de los "rudos jinetes" en Santiago de Cuba; Ike Eisenhower, el general en jefe de los aliados en la guerra mundial de 1939-1945. Sólo han dejado de ser presidentes de los Estados Unidos los militares victoriosos que no han presentado su candidatura al cargo. En el caso de Ulises S. Grant, el general candidato no reunía condiciones para esa alta posición; pero su brillo militar le aseguró dos veces el voto de las mayorías.

La mayoría de los gobernantes del país que organizaron la guerra para conquistar territorios de otros países eran civiles. Lo era James Knox Polk, que despojó a México de más de 1.000.000 de millas cuadradas —los actuales Estados de Nuevo México, California y Arizona—; lo era William McKinley, que tomó Cuba, Puerto Rico y Filipinas en guerra contra España; lo era Woodrow Wilson, que ocupó Haití y la República Dominicana.

Tenemos, pues, que bajo la apariencia de país dedicado a actividades pacíficas, los Estados Unidos venían criando en su seno un pueblo inclinado a la guerra, admirador de los jefes militares victoriosos; estadistas civiles que usaban el poder militar para conquistar territorios ajenos. Todo eso fue formando las condiciones subjetivas adecuadas al establecimiento de un gran poder militar.

Cuando el momento adecuado llegó, las condiciones objetivas sumadas a las subjetivas hicieron fácil el establecimiento de ese gran poder militar. Hasta ese momento los Estados

Unidos habían resuelto el dilema de ser un país poderoso sin mantener ejércitos permanentes. Pero la hora de crear esos ejércitos permanentes llegó, y los Estados Unidos se encontraron, casi sin darse cuenta, con que ya tenían instalado en el centro mismo de su vida el mayor establecimiento militar conocido en la historia del mundo.

Al quedar montada esa poderosa maquinaria de guerra el campo quedó listo para la aparición del pentagonismo, que iba a ser el sustituto del imperialismo.

EXPANSIÓN DEL PENTAGONISMO

El pentagonismo no apareció en los Estados Unidos armado de un método para actuar. Como todo poder que es resultado de circunstancias no planeadas, el pentagonismo comenzó su vida igual que los niños, con apetitos y movimientos inconscientes; fue ajustándose a las situaciones que creaba cada día un mundo de cambios vertiginosos; pero se ajustaba de manera mecánica con el mero propósito de supervivir y hacerse cada vez más fuerte, no para servir determinados principios. Es más, los jefes del pentagonismo en su etapa de formación creían que su función era salvar a los Estados Unidos, sólo que no sabían para qué debían salvarse los Estados Unidos, si para ser útiles a la Humanidad o para acumular beneficios destinados a una minoría de norteamericanos. Muy pronto, sin embargo, el pentagonismo pasó a creer que él debía supervivir y fortalecerse para preservar el poder de su país y para ampliarlo sobre el mundo.

Esa fue la etapa en que el pentagonismo creyó que su papel era servir a una forma nueva de imperialismo. Esto venía determinado por los factores que iban a integrarse como fuerza directora del pentagonismo. Esos factores serían, en orden de prioridades, el poder económico, el poder militar, el poder civil y la sociedad nacional; pero en los primeros tiempos sólo participaron sectores de esos factores; los sectores que en el lenguaje de la época podían llamarse extrema derecha de cada uno; extrema derecha del poder económico, extrema derecha del poder militar, extrema derecha del poder civil, extrema derecha de la sociedad nacional.

Durante el lapso en que el pentagonismo estuvo formado por esos sectores todos los observadores políticos —norteamericanos y extranjeros, sin excluir a los marxistas— creyeron que esa fuerza que se formaba en los Estados Unidos era la clásica agrupación proimperialista. Los propios pentagonistas creían que ellos iban a ser los nuevos cruzados de un nuevo imperialismo, puesto que entendían que su papel histórico era ocupar el lugar que Inglaterra estaba dejando vacío. Se trataba de la clásica inclinación a pensar con hábitos mentales propios de experiencias conocidas; en ese caso específico, se trataba de pensar en términos del antiguo concepto de los vacíos de poder. Para el naciente pentagonismo, su función consistía en llenar los vacíos de poder que iba dejando Inglaterra.

Inglaterra, que había sido el país imperialista por antonomasia, había resuelto abandonar su política tradicional de imperio mundial. Los ingleses tienen un fino instinto político y habían comprendido que un gran imperio no es tan fuerte como lo es su metrópoli; al contrario, es tan débil como lo es la parte más débil de sus dependencias, y es por esa parte más débil, no por la más fuerte, por donde comienza la destrucción del imperio.

Al pensar en ocupar el puesto que Inglaterra estaba dejando vacío, los Estados Unidos creían que iban a recorrer un camino conocido; que su labor estaría aliviada por el conocimiento de la experiencia inglesa; que pisarían sobre las huellas de la Gran Bretaña; y que el fruto sería jugoso, puesto que iban a heredar todo un imperio.

Este esquema, sin embargo, no se siguió porque Inglaterra llevó a efecto su proceso de descolonización en forma pacífica; sólo sufriría levantamientos armados en Malasia y Kenya y más tarde en el extremo sur de Arabia, y únicamente trataría de recuperar una posición, la de Egipto.

Pero en términos generales Inglaterra descolonizó sin violencias. El esquema norteamericano sería aplicado a otro país, a Francia, en su territorio colonial de Indochina. Los Estados Unidos se propondrían como herederos de Francia en Indochina, y allí heredarían la guerra revolucionaria que determinó la salida de Francia del Sudeste Asiático. No heredaron el imperio colonial francés.

Pero los Estados Unidos no pensaban heredar el imperio colonial inglés para mantenerlo en idénticas condiciones a como lo había mantenido Inglaterra. Ellos no apetecían ni necesitaban ocupar territorios coloniales; a ellos les bastaba con tener en esos territorios gobiernos de su hechura y fuerzas militares indígenas preparadas para enfrentarse a la amenaza comunista. Su plan consistía en disponer de ejércitos dependientes formados por los naturales de territorios coloniales, armados y dirigidos por los Estados Unidos. Tan pronto obtuvieron en Ginebra que se les reconociera como herederos de Francia e Indochina, pasaron a montar un ejército sur-vietnamita que en pocos años sobrepasó el millón de efectivos. Los Estados Unidos pusieron en vigor en Indochina el esquema que habían elaborado para ponerlo en práctica en los territorios coloniales de Inglaterra.

Así pues, en sus primeros tiempos el pentagonismo pensó sólo en organizar el mundo colonial a su manera. "Su manera" era retener el poder a través de gobiernos y ejércitos indígenas, pero no ocupar los países con fuerzas militares norteamericanas y ni siquiera mantener allí autoridades civiles; bastaría con las misiones militares de "adiestramiento". En casos de crisis, podían obtenerse en esos territorios bases militares para fuerzas norteamericanas. Como se ve, se trataba de una forma novedosa de imperialismo, pero imperialismo al fin, puesto que esos nuevos ejércitos iban a recibir todo su equipo de los Estados Unidos y esto significaba que serían territorios destinados a consumir productos de la industria de guerra de los Estados Unidos. Era en esa "exportación forzosa" de equipos militares donde hallarían los industriales pentagonistas la fuente de beneficios que buscaban. Ya no tenían interés en extraer materias primas de los países dependientes, porque los Estados Unidos habían entrado en la etapa del capitalismo sobredesarrollado y éste saca sus principales materias primas de otras materias primas básicas.

En cuanto a éstas, su suministro estaba asegurado en cantidades suficientes desde los días de la guerra de 1939-1945; no era necesario abrir nuevas fuentes para aprovisionarse de ellas.

Sucedía, sin embargo, que a un mismo tiempo se producían cambios en el mundo y en los Estados Unidos. En el mundo colonial los pueblos estaban dispuestos a luchar por su libertad, y sucesivamente se derrumbaban o se transformaban el imperio holandés, el inglés, el francés y el belga; en Asia, en Oceanía y en África aparecían nuevas naciones donde antes había colonias. En los Estados Unidos, confundidos por esa situación, industriales, financieros, militares y políticos comenzaron a temer y a reformar el poder militar. Esto se inició al comenzar la década de 1951-1960. El presupuesto militar saltó en el año 1951 de 13.176 millones a 27.700 millones[1]. La diferencia, como se ve, era de 9.524 millones; sin embargo, el presupuesto nacional sólo aumentó en 4.452 millones. Al año siguiente el presupuesto militar subió casi al doble, a 44.485 millones, y desde entonces comenzó a mantenerse entre los 40.000 y los 50.000 millones,

---

[1] Cuanto decimos "presupuesto de 1951" debe entenderse del 1 de julio de ese año hasta el 30 de junio del siguiente. En los Estados Unidos los años fiscales cubren el segundo semestre del año en que se aprueban y el primer semestre del año que le sigue.

siempre por encima del 60 por ciento de los gastos generales del país y por tanto siempre por encima del presupuesto del poder civil. Cuando Kennedy pasó a ocupar la presidencia de los Estados Unidos, ya el poder militar era más fuerte que el civil en términos de fondos para gastar.

Fue alrededor de esa disponibilidad de dinero como se integró el actual poder pentagonista. Con dinero a su disposición, lo que en los orígenes era una asociación de intereses de los sectores de extrema derecha se extendió hacia otros sectores. Así, atraídos por la fuerza económica del nuevo poder, pasaron a sumarse a esos factores de extrema derecha, primero los que no tenían definición política, sobre todo profesores de universidades y centros de estudio, científicos, sociólogos, economistas, los cuales se les ofreció y se les dieron medios económicos para hacer investigaciones; después fueron atraídos personajes del centro; luego se atrajo a unos cuantos llamados liberales. Poco a poco, a medida que aumentaban las perspectivas de cambios en el mundo, el pentagonismo aumentaba su poder y su radio de acción apoyándose en el miedo cerval al comunismo que se había extendido por todo el pueblo norteamericano. En el proceso de expansión llegó el momento en que el pentagonismo se convirtió en un factor de tanta importancia en la organización económica de los Estados Unidos que las posibilidades de su eliminación implicaban las posibilidades de un desastre mortal para el país.

¿Cuándo se dieron cuenta de esto los norteamericanos?

Es difícil decirlo, porque el pueblo de los Estados Unidos no llegó a comprender que tenía el pentagonismo instalado en el centro de su vida sino en la década de los sesenta. Pero si no en términos de pentagonismo, por lo menos en términos de poder económico pudo haber sucedido a partir de 1954, después de la guerra de Corea. El presupuesto militar, que había bajado de 90.000 millones de dólares en el último año de la guerra mundial a 13.178 millones al comenzar la guerra de Corea en 1950, había subido de nuevo a 50.870 millones en 1953 y había descendido a 40.845 millones en 1956. En 1957 se presentó la recesión llamada "la pequeña crisis" y al mismo tiempo la Unión Soviética sorprendió al mundo con su primer ingenio espacial. A partir de ese momento el poder militar empezó a trabajar en el campo espacial y a expandir la fuerza atómica del país. Es probable que fuera entonces cuando los norteamericanos comenzaran a tomar conciencia del poderío militar en términos de dinero, esto es, como factor importante en el mantenimiento de un nivel creciente de expansión económica nacional. Desde 1957 el presupuesto de gastos militares fue ascendiendo con relativa lentitud, pero con evidente firmeza, y al mismo ritmo que él crecía se afirmaba la situación económica del país.

La gran masa norteamericana tenía por fuerza que irse dando cuenta de que a medida que se expandían los gastos militares aumentaba la producción en todos los ramos, se instalaban nuevas industrias, subían los salarios, crecía la demanda debido a esa alza de salarios, y crecía también el número de los ocupados. Al mismo tiempo, los sectores académicos recibían más subsidios para sus investigaciones; los profesionales de la propaganda cobraban más; la burocracia oficial aumentaba. Pero también, al mismo tiempo —y ahí estaba la clave real de los cambios— los grandes capitales financiero-industriales iban concentrándose en menos manos, al grado que en el año de 1962 *doscientas compañías eran dueñas de más de la mitad del activo total de todas las industrias manufactureras de los Estados Unidos*. El número de industrias manufactureras alcanzaba ese año a 180.000

El proceso de aglutinación de Norteamérica alrededor del poderío militar fue confuso y en cierto sentido tambaleante. Eso se debió a que no nació planificado. Fue una excrecencia de una sociedad de masas que no reconoció a tiempo su existencia como tal. Una sociedad de masas tan enorme y tan poderosa tenía que dar necesariamente origen a grandes organizaciones de masas, y una de ellas fue el poder militar. Al no reconocerse como sociedad de masas, el pueblo norteamericano no se organizó como tal; siguió organizado como sociedad de individuos. Por tanto no previó un organismo militar adecuado a una sociedad de masas; pero ese organismo tenía que nacer y nació, de esa sociedad; sólo que no se sometió a ella. Las fuerzas armadas de la Unión Soviética están sometidas a la sociedad soviética; son una parte en la organización social soviética; no supeditan el país a sus fines propios. Pero esas fuerzas armadas nacieron porque las organizó el Estado soviético; no fueron una excrecencia de la sociedad rusa. Los gastos militares rusos pueden ser más altos que los de Estados Unidos, pero los militares rusos no pueden aliarse con sectores de la vida financiera, industrial y comercial para establecer una especie de mercado comprador privilegiado dentro de la organización económica soviética; no pueden disponer de fondos para subsidiar industrias o centros de estudios, para mantener órganos de propaganda propios; para hacer, en fin, una política particular del sector militar. El ejército ruso no tiene medios para convertirse en un grupo de presión, mucho menos en un grupo de poder. Es un organismo de masas supeditado a una sociedad de masas que a su vez está organizada como sociedad de masas.

Carlos Marx explicaría la diferencia entre el poder militar ruso y el pentagonismo norteamericano diciendo que eso es un resultado de la lucha de clases; Rusia es un país sin clases y en cambio en los Estados Unidos 200 compañías eran las dueñas, en 1962, de más de la mitad del activo total de todas las industrias manufactureras del país. Marx trataría de averiguar cuántas personas eran a su vez las dueñas de las 200 compañías que controlaban en 1962 la mayoría de las 180.000 industrias de los Estados Unidos, y tal vez hubiera encontrado que esas personas eran a la vez directores de bancos, presidentes de universidades, consejeros de departamentos gubernamentales. Quizá todas ellas figurarían en la lista de los millonarios que hay en el país —que son menos de un millar—. En consecuencia, Marx diría que la lucha de clases ha llegado en los Estados Unidos a su expresión más radical; que una clase supercapitalista y a la vez reducida en número ha acabado poniendo toda la vida norteamericana a su servicio.

Pero nosotros no queremos llegar a ese extremo. A nosotros nos basta con estudiar objetivamente el fenómeno del pentagonismo.

Una vez establecido, el pentagonismo descubrió que podía dejar a los Políticos —a los senadores, los representantes o diputados, los gobiernos de los Estados y municipios— entretenidos en los problemas domésticos del país, mientras él operaba en el campo internacional. Su intención original era ésa, derramarse en el mundo exterior, sustituir a Inglaterra como poder imperial. Dada la tradición política del pueblo norteamericano, no era posible soñar con un gobierno militar para el país. Pero era posible emplear el poder militar del país más allá de sus fronteras.

Esta idea se desenvolvió en tal forma que los Estados Unidos acabarían siendo una nación con dos gobiernos: el gobierno civil para el interior y el gobierno militar para el exterior. El pentagonismo no se mezclaría en la política interior; aceptaría sin la menor protesta hasta la declaración de los derechos civiles para los negros, y hasta las sublevaciones de estos, pero el gobierno civil tendría que actuar fuera de los Estados Unidos de acuerdo con el pentagonismo. El pentagonismo necesitaba el campo internacional para moverse libremente, y su actuación en el extranjero produciría miles de millones de dólares en los Estados Unidos.

Esta división de los campos de acción de los dos poderes —el gobierno civil y el pentagonismo— no fue advertida a tiempo porque se hizo mucha alharaca alrededor de los profesores que protestaban por las actividades militares en Viet Nam y en la República Dominicana y alrededor de los jóvenes que rompían sus tarjetas de reclutamiento.

Pero esos profesores y esos jóvenes, y algún legislador como Fulbright que denunciaba en el Congreso el uso del poder militar bajo el manto del poder civil, eran solamente las minorías, los pequeños sectores inconformistas que no representaban el sentimiento general, aunque sin duda encarnaban los viejos y nobles ideales, ya inoperantes, de la desaparecida sociedad individualista.

La verdad es que cuando el pentagonismo se sintió adulto —lo que ocurrió en los primeros meses de 1965—, ya la vida entera de los Estados Unidos giraba alrededor de él. Los "disenters", como les llaman en los Estados Unidos a los que disienten del orden establecido, no podían detener el proceso de expansión del pentagonismo, y muchos de ellos acabaron sumándose al pentagonismo. El más notable de estos últimos fue el ex presidente Eisenhower, que fue el primero en denunciar lo que él llamó el "complejo industrial-financiero-militar" y, sin embargo, cinco años después pedía que se usara la bomba atómica para acabar con la resistencia de los Viet Nameses. Se afirma que lo hizo arrastrado por su partido —el republicano—, pero no se toma en cuenta que ese partido, tanto como el demócrata, había sido arrastrado antes por la poderosa corriente pentagonista.

La verdad es que nadie estaba preparado en los Estados Unidos para reconocer el pentagonismo como una fuerza nueva. Hasta los expertos norteamericanos en ciencias políticas se confundieron, y aunque se daban cuenta de que no se trataba del viejo y conocido imperialismo, no atinaban a comprender qué era. Por eso le llamaron neoimperialismo.

En cierta medida, la confusión se debía a que el pentagonismo no fue precedido por una teoría, una doctrina o pseudo ideología, como sucedió con el nazismo. El pentagonismo fue un hijo no esperado que nació del vientre de la economía de guerra en una sociedad enormemente desarrollada en el campo económico y sin embargo sorprendentemente subdesarrollada en el terreno de las ciencias políticas.

Pero también la confusión se debió al hecho de que igual que en los mejores días del imperialismo, los ejércitos pentagonistas fueron enviados a someter pueblos pequeños y débiles por la fuerza de las armas. Las apariencias, pues, identificaban al pentagonismo con el imperialismo. Sin embargo, como hemos dicho, la clave de la situación estaba en discernir cuáles eran los fines que se buscaban, no como se usaban los ejércitos. Los medios del pentagonismo son muy parecidos a los del imperialismo, pero sus fines son diferentes. El imperialismo buscaba colonias; el pentagonismo coloniza a su propio país. Para colonizar a su propio país el pentagonismo tenía que dominar países extranjeros, y para esto mejoró y refinó los métodos del imperialismo.

Los primeros pasos del pentagonismo se dirigieron a conquistar en países coloniales o dependientes el comando de los ejércitos nacionales o a crear esos ejércitos donde no los había. De esa manera esos ejércitos quedaban convertidos en extensiones exteriores del poder militar norteamericano, o lo que es lo mismo, en instrumentos del pentagonismo.

Para ese fin se usó la suma del poder civil de los Estados Unidos en el campo exterior y los organismos internacionales que existían desde hacía tiempo. Así, en el caso de la América Latina se utilizó la Junta Interamericana de Defensa como una vía de penetración hacia los ejércitos de la región; las misiones militares norteamericanas fueron dedicadas a trabajar en esa penetración hacia los ejércitos de la región; las misiones obreras y culturales se pusieron al servicio del plan para que las organizaciones obreras y culturales de los países dependientes, así como sus medios de información —periódicos, radio, televisión—, no hicieran frente al trabajo de las misiones militares; los equipos secretos fueron dedicados a levantar "dosiers" relativos a las ideas políticas y a las posiciones sociales y económicas de los jefes militares de los países latinoamericanos; y desde luego se usaron recursos económicos cuantiosos para donaciones de equipos y para becas de estudios en campamentos militares de los Estados Unidos y de la Zona del Canal de Panamá. El fin que se perseguía en esa etapa era conquistar totalmente la voluntad de los líderes militares de esos países; abrumarlos con el espectáculo del poderío de guerra de los Estados Unidos y convencerlos de que ellos debían lealtad, no a sus respectivas patrias y gobiernos, sino a los Estados Unidos.

¿Pero cómo podía obtenerse que un militar latinoamericano dedicara su lealtad a los Estados Unidos y no a su tierra o a su gobierno?

Pues aterrorizándole con la amenaza comunista. Los comunistas, se les decía, tomarían el poder en su país y les matarían a él y a su familia; la única fuerza que podía evitar eso eran los Estados Unidos, gracias al enorme poder militar que ese oficial conocía ya de vista. Después del establecimiento del comunismo en Cuba, tal argumento no podía fallar. Pero eso sí, se evitaba cuidadosamente explicar a esos militares latinoamericanos qué era el comunismo a fin de poder decirles en cualquier momento que el gobierno de su país, o tal partido político, o tal agrupación, era comunista y debía ser derribado o perseguido.

El plan de extensión del poderío pentagonista a través de ejércitos de otros países operaba a niveles diferentes, según fueran diferentes los medios políticos, sociales, económicos y militares. En algunas ocasiones se negociaba el establecimiento de bases aéreas, navales, balísticas, nucleares, y los servidores norteamericanos de esas bases estaban aislados de los círculos militares indígenas —para decirlo con una palabra de típicas implicaciones sociológicas norteamericanas—. En algunos casos no se usaba el argumento anticomunista ni se penetraba en el campo de las filosofías políticas.

Pero en los países dependientes la penetración llegaba a la mayor profundidad posible, y en todos los casos se buscaba la uniformidad de equipos a fin de que la mayoría de los ejércitos extranjeros fuera equipada por la gran industria de guerra de los Estados Unidos.

El gobierno de cualquier nación reside en el control de sus fuerzas armadas. Este es un principio tan viejo como la Humanidad. Al tomar por vía indirecta el control de las fuerzas armadas de otros países, el pentagonismo trasladó la sede del poder de esos países a la sede del poder pentagonista.

En cierto sentido este proceso era una imitación de los métodos del imperialismo. En cada territorio colonial, el país imperialista organizaba ejércitos indígenas cuando estaba seguro de que ya tenía el dominio de la situación; pero los jefes de esos ejércitos indígenas eran siempre nacionales de la metrópoli. De esa manera el ejército de la colonia operaba en la colonia y sin embargo las decisiones se tomaban en la metrópoli. En todas las crisis que se producían en las colonias esas tropas coloniales eran usadas contra sus propios pueblos. En casos de guerra internacional las tropas coloniales podían ir —y a menudo fueron— a combatir en el teatro de la guerra, que en algunas ocasiones era la metrópoli y en otras un país fronterizo.

El método fue seguido en otros niveles, por el poder pentagonista, lo que se explica porque el sucesor del imperialismo debía aprovechar las experiencias acumuladas por éste. Una vez tomado firmemente el control de la fuerza armada de un país jurídicamente independiente, pero económica y políticamente dependiente, todo intento hecho por los gobernantes de ese país de ejercer el gobierno con independencia era bloqueado con la amenaza de un golpe militar; y a menudo el golpe se ha dado por simple ejercicio del excesivo poder pentagonista.

Pero en algunos puntos el sistema hizo crisis. Por ejemplo, en abril de 1965 y en mayo del mismo año, los ejércitos indígenas de la República Dominicana y de Viet Nam del Sur estaban en proceso de desintegración. Entonces el ejército pentagonista corrió a ocupar el lugar de esas tropas que se desintegraban. Esto era lógico. En el campo de batalla, un regimiento derrotado o destruido por el enemigo es sustituido por otro de sus mismas fuerzas. Cuando las fuerzas pentagonizadas de la República Dominicana quedaron deshechas por la revolución de abril de 1965, fueron sustituidas por la infantería de marina de los Estados Unidos; cuando el ejército de Viet Nam del Sur fue superado por los guerrilleros del Frente Nacional de Liberación, el poder pentagonista despachó medio millón de soldados a sustituir a los regimientos pentagonizados de Viet Nam.

Nos hallamos, pues, ante un proceso de expansión del pentagonismo que tiene caracteres planetarios, si bien precisamente en esa expansión está el germen de su debilidad. No ha habido en la Historia, ni lo habrá mientras el mundo esté poblado por seres humanos, un poder con suficiente fuerza para dominar el Globo, y desde luego, si pudiera haberlo, no sería el pentagonismo. El pentagonismo dispone de una fabulosa máquina de guerra, pero carece de una causa que entusiasme el corazón de los hombres que puedan usarla. Y es en el corazón humano, no en la capacidad destructora de una bomba, donde está la respuesta a las angustias de los pueblos.

La sociedad pentagonizada

En la misma forma en que el imperialismo sometía a la sociedad del territorio colonial y la hacía pensar, sentir y actuar en términos coloniales, así el pentagonismo ha logrado pentagonizar a la sociedad norteamericana. Esto plantea un serio problema de conciencia para los hombres y los pueblos que han sido agredidos —o están en peligro de serlo— por el pentagonismo.

¿Debemos considerar a todo el pueblo de los Estado Unidos responsable por las muertes, la destrucción, las intrigas y los abusos que comete el pentagonismo en el mundo? ¿Es culpable un trabajador de Dakota del Sur por la muerte de un niño Viet Namés quemado con napalm?

La respuesta no puede ser simple. Ese trabajador de Dakota del Sur está pentagonizado; actúa como si estuviera endrogado. Pero es responsable en un sentido: ha colocado su afán de bienestar y seguridad personal por encima de sus deberes con la Humanidad. Si acepta que para él vivir con automóvil y refrigerador un compatriota suyo —o tal vez su hijo o su hermano— queme con napalm a un niño de Viet Nam, no hay duda de que ese obrero norteamericano es un ser antihumano. La droga del bienestar lo ha hecho indiferente a los padecimientos y a la muerte de un niño asiático, y quizá justamente en esa palabra está el nudo del problema;

pues si el niño es asiático quiere decir que no es norteamericano, y si no es norteamericano sus sufrimientos y su muerte tienen escaso valor.

Esa actitud del obrero de Dakota del Sur no se debe a que sea obrero. Los científicos norteamericanos y de otros países occidentales han sido los primeros —y siguen siendo los más entusiastas— servidores del pentagonismo. El capitalismo no hubiera llegado a convertirse en sobredesarrollado sin la participación de los científicos, y la gran mayoría de los científicos de los Estados Unidos se pusieron al servicio del alto mando industrial norteamericano principalmente por una razón: para ganar más dinero. Esos científicos heredaron siglos de conocimientos que habían acumulado miles de investigadores, muchos de ellos desconocidos, cuya mayor parte había muerto en la miseria. Los conocimientos científicos son, pues, un bien común de todos los hombres, que debe beneficiar a todo el mundo y no a los científicos y a quienes los tienen a sueldo. A menudo se arguye que en todos los casos los científicos trabajan para la Humanidad, aunque sea en forma indirecta, pero ese argumento es materia de discusión, de manera que no se ha presentado todavía una prueba irrefutable de que sea legítimo.

No conocemos el número de los científicos norteamericanos que trabajan directamente para el Pentágono y ni siquiera el número de los que trabajan en industrias que sirven propósitos militares, pero en los Estados Unidos se sospecha que la cifra de unos y otros es bastante alta. Por lo demás, la corriente de graduados universitarios, científicos y técnicos que fluye de los países capitalistas hacia los Estados Unidos es en verdad impresionante. En el año 1963, solamente de Inglaterra emigraron hacia Norteamérica 939 científicos y técnicos graduados; entre 1964-1965, esa emigración inglesa alcanzó el 40 por ciento de los médicos y biólogos británicos;

entre 1965-1966, la cifra se redujo al 35 por ciento[1]. La "fuga de talentos" hacia los Estados Unidos es sobre todo desde los países no desarrollados. En muchos casos, como en el de los médicos, los extranjeros suplen una cantidad de los norteamericanos que van a servir en el campo militar; en otros, suplen a los científicos dedicados a trabajos pentagonistas. En la mayoría de los casos, van a prestar sus servicios a empresas privadas; y muchas de éstas trabajan para el Pentágono.

Sin duda una pequeña cantidad de esos científicos va a los Estados Unidos a buscar comodidades no para ellos y sus familiares, sino para investigar; y visto con cierta perspectiva parece que ellos obedecen a un propósito encomiable. Pero visto en el conjunto de los acontecimientos mundiales la situación cambia bastante, porque el resultado de esas investigaciones, en un altísimo tanto por ciento, va a ser usado por el pentagonismo para sus fines propios, y todo científico debería saber a estas alturas que una alta proporción de los centros de investigación de los Estados Unidos trabaja para el pentagonismo.

Los científicos de Norteamérica y de los países capitalistas se han puesto al servicio del pentagonismo, pero en el otro extremo de la escala social los obreros de los Estados Unidos hacen lo mismo. El Sr. Meany, presidente de la AFL-CIO[2], aprobó la intervención militar de su país en la República Dominicana, y por cierto en forma enérgica, bajo la especie de que la revolución de abril de 1965 en aquel pequeño país

---

[1] *The Daily telegraph*, London, Tuesday, August 22, 1967. Un cable de la AP fechado en Bruselas el día anterior de los datos como procedentes de la Comisión del Mercado Común. El cable, publicado bajo el título de "Britain Worst hit in Europe 'brain drain'", se refiere a científicos de Holanda, Alemania, Francia y Gran Bretaña.

[2] Siglas de American Federation of Labor y Congress of Industrial Organition, la principal central obrera de los Estados Unidos.

antillano era comunista. En realidad, se trataba de que la AFL-CIO, como masa organizada dentro de la sociedad pentagonizada, respondía al reparto tácito de actividades impuesto por el pentagonismo fuera del país.

Ese respaldo de los obreros organizados del país al pentagonismo no se limita al territorio norteamericano. En cada uno América Latina y en otras partes del mundo la AFL-CIO trabaja dentro de los movimientos obreros con el objeto de ponerlos al servicio de la política pentagonista; pero además, en los Estados Unidos hay una institución especializada que se dedica a extender la influencia pentagonista entre las masas obreras de otros países. Se trata del Instituto Americano para el Desarrollo del Sindicalismo Libre[3].

Al movimiento obrero norteamericano sólo le preocupa obtener ventajas para sus afiliados y al pentagonismo le da igual que los trabajadores de los Estados Unidos ganen cuanto puedan; de manera que si éste les produce beneficios a aquéllos y aquéllos apoyan a éste, resulta lógico que se entiendan hasta se complementen.

Teóricamente, cada ciudadano de los Estados Unidos sea recién nacido, anciano, paralítico, loco o científico dispone de 10 dólares diarios para gastarlos en lo que se le antoje. El producto nacional bruto del país alcanzó en 1966 a 739.500 millones de dólares, lo que supone más de 3.600 dólares al año por cabeza*. En realidad, sin embargo, las cifras son distintas pues 100.000 personas que perciban 20 dólares diarios

---

3	Eugene Methvin, artículo "Nueva arma obrera en la lucha por la democracia", *Selecciones del Reader`s Digest*, diciembre de 1966. (Se trata de la edición en lengua española). Pág. 122.

*	El producto nacional bruto del año 1967 llegó a 781.5 millones de dólares, lo que significa un aumento de 42 billones sobre el año de 1966, algo más de 200 dólares anuales per cápita. No sabemos sin embargo qué parte de ese aumento correspondió a producción para la guerra, pero sin duda es alta.

dejarán a otras 100.000 sin recibir un centavo .En los Estados Unidos hay varios cientos de ciudadanos que perciben más de 1.000.000 de dólares al año lo que supone una entrada de más de 2.740 dólares por día, y esto a su vez significa que cada uno de los que están recibiendo 1.000.000 anual toman para sí la totalidad de los 10 dólares diarios de 274 personas.

La gran mayoría de la población norteamericana está dedicada a una lucha intensa, que consume la energía de millones y millones de hombres para obtener cada quien una parte mayor de esos dólares que teóricamente deberían tocarle a cada persona. Es la lucha por el bienestar, que torna a los hombres en enemigos, competidores sin piedad, que los enajena —es decir, los vuelve ajenos entre sí—, los divide y los deja exhaustos, sin tiempo ni fuerza para pensar en nada más.

Agotado por esta lucha, ¿qué puede importarle al obrero de Dakota del Sur, cuando llega a su hogar, fatigado después de ocho horas de trabajo y dos o tres de carretera o ferrocarril, encontrarse, al encender el televisor, con la noticia de que un niño de Viet Nam ha sido quemado con napalm hasta los huesos? A él lo que le importa es ganar más de esos 10 dólares que según las estadísticas le corresponden, pues necesita cambiar el modelo de su automóvil por uno más reciente o tiene que pagar los estudios de su hijo. Ese obrero de Dakota del Sur está endrogado por su afán de bienestar y por la propaganda pentagonista. El niño quemado en Viet Nam debía ser el hijo de un comunista y probablemente llegaría a ser un comunista si hubiera vivido, y todo comunista debe se aniquilado a tiempo, porque si no llegará el día en que él, obrero norteamericano, no podrá comprar un automóvil de último modelo debido a que los comunistas se proponen quitarle a él y quitarles a todos los norteamericanos sus propiedades y sus comodidades. Eso fue lo que dijo el presidente Johnson a los soldados norteamericanos cuando estuvo en una base de Viet Nam: "Deben saber que no nos dejaremos quitar lo que tenemos".

Ahora bien: ese trabajador no tiene la menor idea de que la muerte del niño de Viet Nam ha herido en lo más vivo los sentimientos de millones de hombres que no son comunistas, pero que rechazan con toda su alma los métodos pentagonistas. Para esos millones de hombres, que cada día son más, la actitud del obrero de Dakota del Sur se acerca a la culpabilidad, pues él no tiene derecho, ni lo tiene nadie, a tolerar que los soldados de su país maten niños en Viet Nam mientras él se dedica a reunir dinero para cambiar su automóvil por un modelo más reciente.

Los científicos en un extremo y los trabajadores en el otro, todos en busca de bienestar personal, hicieron posible el establecimiento del capitalismo sobredesarrollado. Ese tipo de capitalismo se levantó tan rápidamente que en 15 años —1951 a 1966— dobló el producto nacional bruto de los Estados Unidos; lo llevó de 319.000 millones de dólares a 739.500 millones. Para alcanzar una meta tan fabulosa el capitalismo sobredesarrollado necesitaba ampliar su mercado de consumo en el país; necesitaba producir en masa para compradores en masa que tuvieran altos salarios. Este proceso se había iniciado después de la Primera Guerra Mundial, cuando Henry Ford subió el jornal de sus obreros a 5 dólares por día, y se expandió por todo el país bajo el gobierno de Franklyn Delano Roosevelt, en la década de los treinta.

Pero la creación de un mercado de consumo de proporciones gigantescas no podía hacerse —aunque se pagaran altos salarios— sin medios de comunicación masivos. Los diarios, las revistas, los catálogos de ventas, tenían sus limitaciones; podían llegar a manos de algunos millones de posibles compradores, pero no a la mayoría de ellos. Ni siquiera la radio con todo su poder de comunicación era el medio apropiado para esa necesidad. La radio podía describir un artículo, pero no podía mostrarlo. El medio que hacía falta apareció con la televisión, un producto de la ciencia que se puso al servicio del capital sobredesarrollado.

La televisión se convirtió en el rey de los medios de propaganda de la gran industria. En el año 1966, los periódicos y las revistas de los Estados Unidos recibieron poco más de 861 millones de dólares en publicidad, mientras la televisión recibió bastante más del doble, casi 2.000 millones[4]. Una vez consolidado el dominio de la televisión como vendedor de cualquier producto quedó dado el toque final a la sociedad de masas como mercado comprador. En pocos años el pueblo norteamericano fue convertido en una humanidad adquirente; en un ente múltiple —en términos de millones y millones de seres—, pasivo, expectante, que depende del aparato televisor para saber qué tipo de ropa va a comprar, qué lugar debe escoger para su fin de semana, qué país visitará si hace turismo, qué cerveza le conviene beber, qué tiempo hará al día siguiente. La televisión libró al norteamericano medio del trabajo de escoger; le acostumbró a obedecer, en sentido de motivaciones profundas y, por tanto, le acostumbró a no plantearse dilemas.

Para lograr esa pasividad del pueblo norteamericano se requería que se usara una buena promoción de ventas, y a ese fin se dedicaron estudios de psicología de masas, con centros financiados por el capital sobredesarrollado y por el Pentágono; al mismo tiempo se financiaban los medios de publicidad con abundante propaganda. En el año 1966,

---

[4] *The Times*, London, Tuesday, August 29, 1967, sección The Times Business, pág. 15. Las cifras exactas son 861, 19 millones para periódicos y revistas y 1.969.60 millones para la televisión.

una sola firma —la Procter and Gamble, productora de jabones— gastó 265 millones de dólares en anunciar sus productos, cerca de dos veces tanto como el presupuesto de un país latinoamericano de más de 3 millones de habitantes. En el mismo período la General Motors gastó 208 millones, la Ford Motor Company, más de 132 millones y la Chrysler 93 millones[5]. Ciento veinticinco firmas norteamericanas gastaron en 1966 un total de 4.470 millones de dólares en propaganda, lo que significa que las entradas de las firmas publicitarias que manejaron la publicidad de esas 125 compañías alcanzaron a 787 millones de dólares. Como puede verse, en una suma tan alta hay margen suficiente para atraer a psicólogos, economistas, sociólogos, dibujantes y escritores que procuran mejorar sus entradas.

Desde luego, tan pronto como la televisión demostró su utilidad para vender desde un tubo de pastas de dientes hasta un automóvil, resultaba evidente que sería útil también para venderle al país la idea de que los Estados Unidos estaban en peligro y debían dedicar una parte importante de su producción a armarse y a prepararse militarmente para defenderse de sus enemigos. En cuanto al valor de la palabra "defenderse", el pentagonismo ha llegado a crear en el pueblo norteamericano una confusión de tal magnitud en los conceptos que ya resulta normal leer en libros y periódicos de los Estados Unidos como éste: "Dadas nuestra naturaleza y nuestras tradiciones —y nuestra riqueza— no tenemos el deseo de conquistar. Nuestro poderío militar es defensivo, no ofensivo. Hasta cuando es usado o amenazamos con él, como en Viet Nam, Cuba o la República Dominicana, nuestro gobierno entiende que

---

[5]   Estos datos proceden de la fuente citada, *The Times*, London, sección Business News. Debe exceptuarse la cifra relativa a las firmas publicitarias, que ha sido calculada sobre la base del 17,65 por ciento sobre facturación, que cobran todas las agencias.

ese uso es defensivo. Algunos asiáticos pueden pensar que nosotros queremos "ocupar" Viet Nam en la vieja tradición imperialista, pero están claramente equivocados"[6]. En esto último tiene razón el autor, pues el propósito no es ocupar Viet Nam en el viejo estilo imperialista sino usarlo en el nuevo estilo pentagonista.

Como todos los demás bienes del capitalismo sobredesarrollado, la televisión es usada también por el pentagonismo. No menos de 60 millones de norteamericanos oyen y ven al presidente de la República, gracias a la televisión; todos al mismo tiempo en todas las ciudades y en todos los villorrios del país ventaja que el presidente aprovecha para servir la causa del pentagonismo. De esos 60 millones televidentes, la mayor parte está ya pasivizada por hábito de televidear; está hecha a aceptar lo que se le diga si se le dice con buena técnica de venta. Desde luego, cuando el presidente de la República habla utiliza la mejor técnica de venta, las palabras seleccionadas cuidadosamente por los técnicos más capacitados en el negocio de la propaganda, puesto que los tiene a su disposición; y sumada a esa elevada técnica usa la sobrecarga sicológica de su disposición, es decir, del enorme prestigio que confiere la presidencia de los Estados Unidos. La televisión puede ser usada —y a menudo lo es— para que otras personas digan lo contrario de lo que ha dicho el presidente pero sucede que en ningún caso esas otras personas tendrán una

---

[6] Edwin L. Dale Jr., en "The U. S. Economic Giant Keeps Growing", en *The New York Times Magazine,* March 19, 1967, págs. 31, 135-140, 146-152. El párrafo que tenemos traducido se halla en la pág. 135 y en inglés se lee así: "Given our nature and our traditions —and our wealth— we have no wish to conquer. Our military might is defensive, not offensive. Even when it is used, or threatened, as in Viet Nam, Cuba or the Dominican Repúblic, our Government conceives of that use as defensive. Some Asians may think we want to 'occupy' Viet Nam in the old imperialist tradition, but they are clearly mistaken".

audiencia tan grande como la que tiene el primer magistrado del país, de manera que hay millones de norteamericanos que oyen al presidente y no oyen a los que argumentan contra sus opiniones. En general, las opiniones opuestas a las del gobierno llegan sólo a una minoría. Teóricamente, es posible emitir ideas contrarias a las del pentagonismo, pero la verdad es que no se puede competir, a la hora de contar los televidentes, con los altos funcionarios, y sobre todo con el presidente de la República.

¿Qué otros sectores del país, además de los científicos, los trabajadores y los publicitarios derivan beneficios del pentagonismo? O lo que es igual, ¿cuáles otros grupos están pentagonizados?

Los comerciantes de todos los niveles. Las grandes firmas de comercio son, desde luego, parte del núcleo pentagonista, pero las menos fuertes están pentagonizadas porque sacan ventajas de la economía de guerra. El sector comercial, formado por millares de familias extendidas a lo largo de toda la nación, es quizá el que tiene más conciencia de lo que significan para sostener funcionando un gran mercado consumidor, los cuantiosos gastos militares. La hace mover enormes cantidades de productos de todos los tipos, de artículos necesarios y de artículos superfluos, y los comerciantes son los que dan salida ese océano de productos. Todo lo que se vende pasa por sus manos y deja en ellas un beneficio. La economía pentagonista, con sus altos salarios y su velocidad de desarrollo, ha creado en verdad el paraíso de los comerciantes norteamericanos.

A los comerciantes hay que sumar los banqueros de todos los rangos. Los que controlan la alta banca son directivos del mando pentagonista, pero los de la pequeña banca, los banqueros y sus empleados de ciudades medianas y villas agrícolas se encuentran en situación parecida a los comerciantes.

Este sector del negocio bancario manipula casi la totalidad del dinero que mueve el comercio mediano y pequeño, de manera que en la medida en que ese tipo de comercio vende más y compra más, los bancos que están en un nivel inferior a los grandes bancos ejecutan más operaciones diarias, lo que en fin de cuentas significa que ganan más dinero. Lo mismo que su contraparte en el comercio, esos banqueros tienen conciencia clara de que la enorme actividad económica del país tiene como base la economía de guerra; por tanto, también ese sector se halla pentagonizado.

La verdad es que los grupos más numerosos de la sociedad norteamericana estaban pentagonizados a fines de 1964. Los observadores políticos no se dieron cuenta de esto debido a que en las elecciones de ese año perdió el candidato que ofrecía usar el poder nuclear en Viet Nam y las ganó el que decía que no debía llegarse a ese extremo. La votación de 1964 parecía ser, pues, un plebiscito contra la guerra, esto es, contra el ya casi todopoderoso, pero todavía oculto movimiento pentagonista. Pero los observadores políticos se dejaron confundir por las apariencias o confundieron sus propios sentimientos con los del pueblo. En general, los observadores eran más o menos liberales y votaron contra la parte nuclear del programa de Goldwater, pero el pueblo norteamericano votó contra el candidato republicano porque anunció que si triunfaba desfederalizaría los seguros sociales, esto es, haría depender los seguros social de los gobiernos de los Estados, no del gobierno federal. En la mente de la gran masa del país ese punto programa de Goldwater se entendió como que este se oponía a los seguros sociales. Y fue lo que había de amenaza en ese punto, no lo que dijo sobre la bomba atómica, lo que determinó la derrota de Goldwater. Si éste hubiera dicho que usaría el poderío atómico de su país en Viet Nam y que además elevaría el monto de los retiros, rebajaría la edad del retiro y aumentaría los servicios de salud sin aumentar su costo, el pueblo norteamericano hubiera votado por él. En todo caso, sus votantes hubieran sido muchos más.

No nos engañemos y no convirtamos en realidad lo que deseamos. La gran masa de los Estados Unidos ha sido endrogada con el espectáculo de la fabulosa riqueza de su país y de su impresionante poderío militar. Esa gran masa votará por el uso de la bomba "A" en Viet Nam y en cualquier otro sitio si el uso de la bomba le proporciona más seguridad, más bienestar y si halaga su orgullo nacional. Pocos meses después de las elecciones de 1964, en el mes de mayo de 1965 mas el 70 por ciento de la población de los Estados Unidos estaba respaldando a Johnson en su decisión de enviar infantería de marina a la República Dominicana, y en marzo de 1967 un porcentaje aproximadamente igual estaba de acuerdo en que se aumentaran los bombardeos sobre Viet Nam del Norte. Ese alto tanto por ciento —en los dos casos— apoyaba al presidente Johnson en su política pentagonista debido a que él había propuesto al Congreso la ley de extensión de los servicios contra enfermedades. El que le proporcione a la masa norteamericana algún beneficio tendrá su respaldo para cualquier tipo de política exterior, pues esa masa no tiene la menor idea de nada que no sea su miedo al comunismo y su hambre de ventajas.

Es significativo que el sondeo de opinión pública hecho en marzo de 1967 —en el que una mayoría abrumadora resultó partidaria de intensificar los bombardeos para el Viet Nam de Ho Chi Minh— se produjo después que el *New York Times* publicó una serie de reportajes de un periodista de su equipo que estuvo en Hanoi y en otros lugares de Viet Nam del Norte; en esos reportajes se afirmaba que las bombas norteamericanas estaban matando niños y mujeres no combatientes y destruyendo escuelas y hogares. Los artículos del *New*

York Times provocaron un sonoro revuelo de los sectores liberales norteamericanos, que los comentaron en todos los medios de publicidad a su alcance. El sondeo de opinión indicaba que esos revuelos no influyeron en las ideas de las mayorías.

De esto pueden sacarse varias conclusiones, pero todas llegan a un punto. Podemos pensar que el *New York Times* tiene poco peso en la formación de la opinión pública de su país; podemos pensar que tiene un peso importante, pero limitado a los círculos liberales; podemos pensar que los liberales no expresan ni los sentimientos ni las ideas de las mayorías norteamericanas. Lo último parece ser lo más probable. De todos modos, cualquiera de las conclusiones desemboca en una misma realidad: en conjunto, el pueblo de los Estados Unidos es pentagonista o está pentagonizado; cree en el poder de las armas y confía en él para dirimir los problemas internacionales y por tanto no oye a los que predican lo opuesto.

Lo que Simón Bolívar llamó en 1819 la minoría activa de la sociedad, refiriéndose al sector que pone a la cabeza de un país y lo conduce a la lucha por la justicia y la libertad, no existe ya en los Estados Unidos. La minoría activa de Norteamérica está compuesta por hombres entregados a la pasión del beneficio económico; y es a ese grupo a quien sigue el pueblo, no a los liberales. Los liberales corresponden a la sociedad individualista, que ha desaparecido en los Estados Unidos. Lo que hay ahora es una sociedad de masas en la que sólo puede influirse con grandes despliegues de fuerzas y con medios masivos de información. Los liberales no tienen posibilidad de mostrar un poder parecido al del Pentágono ni podrían alcanzar nunca a reunir el dinero que hace falta para cubrir el país con programas de televisión. Los que disponen de lo uno y de lo otro son los beneficiados del pentagonismo y el gobierno, que es en política exterior, el agente pentagonista; y son estos los que forman la opinión de las masas.

Profesores y estudiantes protestan de la acción militar norteamericana en territorios lejanos de pueblos pobres; lo hacen a través de anuncios pagados en diarios y revistas que son leídos únicamente por los que están convencidos de antemano de lo que dicen los anuncios. Muchos de esos "disenters" protestan a nombre de universidades y centros de estudio que están financiados por el pentagonismo. Esta paradoja explica que a la hora de liquidar el movimiento de protesta que conmovió durante algún tiempo la universidad de California — una gigante, aun en términos norteamericanos— resultó fácil echar de su puesto al rector de la universidad, a quien se le achacaba el delito de pensar igual que los estudiantes que protestaban*.

El sector liberal norteamericano, cada vez más pequeño es ya una flor exótica, producto de una sociedad liquidada. Quedan algunos liberales que sobreviven por razones biológicas, debido a su edad avanzada. La expresión natural de una sociedad de masas en un régimen de libre competencia es el pentagonismo, no el liberalismo. Los liberales se explicaban en la era del capitalismo individualista del siglo XIX y de principios de este siglo, no en la era del capital sobredesarrollado. Hay algunos jóvenes que se "gradúan" de liberales como si esto fuera una profesión, pero eso tiene su razón de ser: esos jóvenes saben que en ciertas ocasiones el gobierno de su país necesita hombres con títulos de liberales para enviarlos a misiones que no pueden ser cubiertas por pentagonistas conocidos. En todos los casos, sin excepciones, este curioso tipo de liberal se conoce

---

* En la organización universitaria norteamericana no hay rector sino presidente. En el caso a que nos referimos, el presidente Clark Kerr fue sustituido por Charles Johnson Hitch, un hombre estrechamente vinculado al Pentágono, que había trabajado para la Rand Corporation y para la Secretaría de Defensa. Véase un amplio reportaje sobre las actividades pentagonistas de Hitch en *The Nation,* número del 15 de diciembre de 1967, pp. 682-85.

porque en sus denuncias de la política de su gobierno que hace públicas en revistas "liberales", hay siempre un párrafo —el párrafo clave— en que coincide con la política oficial.

La tambaleante actitud de muchos liberales norteamericanos se explica porque es difícil, más bien diríamos imposible, vivir en una época con las ideas y los sentimientos de otra que ha sido superada. El caso de Theodore Draper es único y se debe a que este agudo observador está dotado de inteligencia excepcional y sensibilidad creadora, ambas cosas acompañadas por una tenacidad y una honestidad intelectual a toda prueba. Su ejemplo, sin embargo no es fácil de seguir para quien no tenga sus condiciones[7].

[7] Mientras era Presidente de la República Dominicana recibí un cable de un conocido liberal norteamericano que se había hecho un nombre como partidario de un mejor trato para la América Latina. En 1963 ese liberal, hombre ya maduro, era miembro del directorio de una poderosa industria dulcera de los Estados Unidos y me cablegrafió pidiéndome que le vendiera a su firma azúcar o algunos de los derivados de este producto. El Estado dominicano era propietario de varios ingenios azucareros, pero yo no era vendedor de azúcar ni se me hubiera nunca ocurrido que esa personalidad de la política norteamericana negociaba con azúcar. En ese momento el azúcar estaba en alza en el mercado mundial, de manera que en defensa de los intereses de mi país pedí que no se hicieran ventas si no era a precios estipulados de antemano como buenos. Unos años después, a raíz de la intervención pentagonista en mi país, ese liberal escribió en la revista de libros de *The New York Times* un artículo en que me presentaba como una calamidad pública para la República Dominicana. El liberal se llamaba Adolf Berle.

POLÍTICA Y PENTAGONISMO

Al analizar las causas del conflicto de Viet Nam, Theodore Draper llega a la siguiente conclusión: lo mismo en Cuba que en la República Dominicana que en Viet Nam, los Estados Unidos tuvieron que recurrir al poderío armado debido a que no tenían planes políticos para hacer frente a acontecimientos imprevistos que se produjeron en esos países[1].

De acuerdo. Pero nosotros preguntamos: ¿por qué no tenían planes políticos?

Y la respuesta natural es: porque ya los Estados Unidos no son un poder civil manejado, en el campo internacional, por los políticos. En ese terreno son un poder militar manejado por una asociación de banqueros, industriales y militares que tiene sus planes propios para aplicarlos en cualquier parte del mundo.

El pueblo de los Estados Unidos y su gobierno han quedado convertidos en la colonia del pentagonismo, y como tal colonia no pueden tener una política exterior. La tienen sus colonizadores, no ellos. En los tiempos del imperialismo, la política exterior de la colonia era elaborada y ejercida por la metrópoli; en los actuales tiempos del pentagonismo la política exterior de la colonia pentagonista —que son los Estados Unidos— es elaborada y ejercida por el poder pentagonista.

[1] Theodore Draper, *Abuse of Power.* The Wiking press, New York. 1967.

En los días del imperialismo no se hubiera concebido siquiera que un jefe de fuerzas expedicionarias se presentara al Congreso, o a una de sus ramas para pedir medios que aseguraran la victoria y para hablar en nombre de sus "muchachos"; en tiempos del pentagonismo el general Westmoreland hizo eso y los legisladores le interrumpían con ovaciones puestos de pie, y el país entero creía que lo que estaba viendo a través de la televisión era un suceso normal, si bien un tanto excitante como espectáculo.

Ese episodio era revelador de lo que había sucedido en los Estados Unidos. En los quince años que el país tardó en doblar su producto nacional bruto, el gran poder económico pasó a un grupo de hombres que se dedicó a abastecer las necesidades de mercado de consumo militar y descubrió que para aumentar la producción —su riqueza— tenía que ampliar ese mercado, y descubrió también que eso podía lograrse aliándose a los militares para hacer la guerra; esa alianza se tradujo en un poder real, económico, político y militar; y es ese poder el que actúa en el campo internacional.

La tradicional política exterior no tiene ya razón de ser. Los jefes civiles de la antigua política internacional —el presidente y el secretario de Estado— tienen ahora una función limitada: aprobar los planes del pentagonismo. El pentagonismo sí tiene un plan: mantenerse constantemente en guerra en algún lugar del mundo a fin de sostener el actual poderío militar y ampliarlo en la medida que sea posible; en suma, asegurarse el mercado militar a través de la guerra permanente.

El ejercicio de la política produce políticos. La política doméstica norteamericana tiene sus procedimientos, bien peculiares por cierto, y en los Estados Unidos hay maestros en esos procedimientos; el presidente Johnson ha sido tal vez el más hábil de todos los tiempos. Pero la política internacional requiere condiciones de finura, visión y dedicación a determinados principios; requiere políticos de talla, y los Estados Unidos no tienen hombres de esa estatura. ¿Por qué? Porque la política exterior ha dejado de ejercerse y se le ha sustituido con la fuerza. Lo que tiene Norteamérica en ese terreno son funcionarios, no políticos; por algo en el país se ha establecido la costumbre de escoger los titulares de las secretarías de Estado y Defensa entre jefes de industrias, no entre personajes políticos, como se hacía en los viejos tiempos del imperialismo. El secretario de Estado —es un ejemplo, no aludimos a personas— es importante porque su cargo es importante, no por las condiciones políticas del que lo desempeña; y el cargo a su vez sigue siendo importante porque hereda el prestigio de los días gloriosos del poder civil y porque la mayoría de los gobiernos del mundo tiene una política exterior dirigida y realizada por civiles, de manera que en las conferencias internacionales hablan los políticos, los estadistas, los diplomáticos, no los militares, y debido a eso los Estados Unidos tienen que aparecer en esas reuniones representados por civiles.

También en este campo la tradición norteamericana preparó el camino para la aparición del pentagonismo. Y no debe extrañarnos. Un fenómeno como el pentagonismo no podía establecerse si no procedía de acuerdo con la naturaleza social de su país; más aún: sólo podía ser generado por esa naturaleza social. Si hubiera tratado de ir contra el carácter nacional, contra el tipo de economía alemana, contra las raíces mismas del pueblo de alemania, el nazismo no hubiera podido llegar a ser lo que fue. El pentagonismo no hubiera podido llegar a establecerse en los Estados Unidos de no haber sido un producto natural de la sociedad norteamericana y del grado de evolución de esa sociedad en el momento de la formación de ese poder.

Los Estados Unidos son políticamente un país de burócratas y funcionarios, no de líderes. El funcionario de más categoría es el líder, pero sólo mientras está desempeñando el cargo; una vez que lo abandona deja de tener importancia e influencia en las masas. El caso de Grover Cleveland, que volvió a ser, presidente de la República cuatro años después de haber dejado de serlo, es excepcional, y las excepciones no son la regla. Las figuras políticas permanentes que conocemos en la historia de Europa, los políticos que llegan a la posición de líderes y se convierten en personajes nacionales antes de ocupar un cargo y siguen siendo líderes después que han dejado el cargo, y retornan al poder en tiempos de crisis para poner en ejecución las ideas que había estado predicando —el caso de Winston Churchill en Inglaterra o de Charles de Gaulle en Francia, para citar sólo dos— no se conoce en la historia norteamericana. En los Estados Unidos la categoría de líder la da el cargo, no está en el hombre.

Sin embargo, eso no sucede en el terreno militar. Ahí sucede lo contrario. Los generales victoriosos son siempre líderes. Los ex-presidentes de la República viven retirados, muchos de ellos en sus villas natales; sólo se les menciona de tarde en tarde y se les tributa un recuerdo nada más a la hora de la muerte. Pero el general MacArthur recibió el homenaje más ruidoso de su pueblo cuando quedó fuera del mando en Corea, por la sencilla razón de que era un general victorioso y tenía por tanto la categoría de un líder nacional. En la historia de los Estados Unidos los generales y los coroneles victoriosos han sido llevados a la presidencia del país porque se les ha tenido por líderes, no porque hayan tenido las mejores condiciones para gobernar. Para el pueblo norteamericano el líder es el héroe, no el conductor civil, prueba de que en el orden político los Estados Unidos están en una etapa de subdesarrollo, pues así ocurría en los pueblos de Europa cuando todavía no habían madurado.

La evolución política europea no fue seguida en los Estados Unidos. Si De Gaulle no hubiera sido un gran político además de ser un excelente militar, hubiera quedado relegado al campo de las glorias guerreras de su país, pero no habría sido un líder. Desde luego, para distinguir entre el prestigio de un general victorioso y la capacidad de un líder político se requiere cierto grado de refinamiento que sólo puede proporcionar la educación o el hábito en el trato de los problemas políticos, y para lograr esa educación o crear ese hábito debe haber por lo menos partidos de actuación permanente; y ese no es el caso de los Estados Unidos.

Los partidos tradicionales de Norteamérica —que desde hace más o menos un siglo se llaman Demócrata y Republicano— no son organismos permanentes. Desde el punto de vista del ciudadano —no del funcionario, del presidente, de los senadores y diputados, gobernadores y alcaldes— la actividad política norteamericana comienza en las elecciones llamadas primarias, en las cuales cada partido elige sus precandidatos, y termina al quedar el voto depositado en las urnas el día de las elecciones generales o parciales. El punto álgido de esa actividad, el momento que conmueve a la nación, es el de la convención donde cada partido elige su candidato a la presidencia de la República.

Ese candidato va a ser el líder de su partido hasta el día de las elecciones; y si resulta elegido presidente será el líder del país durante cuatro años y normalmente durante ocho años. Como la importancia se halla en el cargo, no en el hombre, el que ocupe el cargo tendrá el 99,99 por ciento de probabilidades de ser elegido candidato por segunda vez —es decir, seguirá siendo el líder de su partido— y las mismas posibilidades de que vuelvan a elegirlo presidente del país. El presidente será el líder de la nación y del pueblo, aun de los que votaron contra él. Puede ser que no tenga condiciones de líder, pero puede encontrarse en el cargo porque lo haya heredado, y en ese caso, dado que el cargo le traspasa al hombre su categoría, se le elegirá candidato y presidente.

No juzgamos si el procedimiento es bueno o es malo. A los Estados Unidos les rindió beneficio durante más de siglo y medio. Ahora bien: el procedimiento era —y es— parte de un sistema que tendía, esencialmente a evitar la formación de líderes y de partidos permanentes; y la ausencia de líderes y de partidos permanentes resultó provechosa para el pentagonismo. A la hora de hacerse dueños y señores del campo político internacional del país, los pentagonistas no encontraron estadistas de talla ni políticos de categoría que se les opusieran; a la hora de colonizar a su pueblo pudieron hacerlo prácticamente sin oposición; es más, pudieron hacerlo sin que los norteamericanos se dieran cuenta del escamoteo que se estaba llevando a cabo ante sus propios ojos.

Solamente si nos damos cuenta de esto llegaremos a comprender por qué puede darse en los Estados Unidos el caso de que un miembro del gabinete se sostenga en su cargo aunque haga lo contrario de lo que había hecho antes. Es que en realidad, dado que lo importante es el cargo y no quien está sirviéndolo, el que lo desempeña resulta ser un burócrata; no tiene que ser un político. En el terreno de las relaciones internacionales esto se ha hecho evidente después que el pentagonismo se hizo fuerte. Hay dos ejemplos de lo que decimos: Dean Rusk, secretario de Estado, y Adlai Stevenson, que fue representante de su país en las Naciones Unidas. Dean Rusk y Adlai Stevenson habían sido llevados al gobierno para ejecutar una determinada política internacional, la del presidente John F. Kennedy. Esa política estaba especialmente definida en lo que se refería a América Latina: Alianza para el Progreso, no intervención, respeto a la voluntad de los pueblos latinoamericanos y a su soberanía. El presidente Kennedy llegó hasta el grado de decir que si el gobierno de Fidel Castro se libraba de sus ataduras con Rusia los Estados Unidos podrían mantener relaciones normales con Cuba aunque siguiera siendo un país comunista. Esa línea política era la que tenían que seguir el secretario de Estado y el embajador en la ONU.

Sin embargo, tal línea cambió bruscamente hacia una dirección opuesta, hacia la intervención armada de los Estados Unidos en cualquier país de América Latina. El cambio se planeó y ejecutó en menos de 72 horas. La revolución de abril de 1965 había estallado en la República Dominicana y el pentagonismo estaba listo para asumir el mando de la política exterior de los Estados Unidos. El pentagonismo había decidido lanzar su poderío en el pequeño país del Caribe, y aunque eso significaba violar pactos multilaterales, desconocer una larga política que estaba elaborándose y evolucionando desde los tiempos de Franklyn Delano Roosevelt, desprestigiar la OEA —que era un instrumento creado por los Estados Unidos y necesario para sus planes de largo alcance—; y aunque sobre todo significaba poner en evidencia a los hombres que aparentemente dirigían la política exterior del país, el cambio se produjo, la República Dominicana fue intervenida, y los señores Dean Rusk y Adlai Stevenson defendieron la intervención y siguieron en sus cargos. Actuaron como burócratas, no como estadistas. Piénsese por un momento que Stevenson, candidato dos veces del Partido Demócrata a la presidencia de la República, pudo haber sido elegido para esa alta posición, y sin embargo no tenía capacidad de político; era meramente un burócrata.

Ha habido cierta inclinación a comparar la vida política norteamericana con la inglesa basándose en que los dos países usan el sistema de dos partidos tradicionales. Pero la vida política de Inglaterra tiene un sello que no se ve en la de los

Estados Unidos. Un político inglés está adscrito a una manera de ver el mundo, a una concepción general que en un tiempo se llamó *whig* o *tory* y hoy se llama conservadora o laborista. Un político norteamericano no tiene —salvo excepciones muy contadas a lo largo de la historia— una concepción ideológica de partido. Para el político norteamericano el partido es un medio de alcanzar una posición, de llegar a un puesto, y cuando se halla en ese cargo puede defender principios absolutamente diferentes a los que defienden otros políticos de su mismo partido. El ministro de Relaciones Exteriores de un gobierno inglés tendría que renunciar a su cargo —y quizá provocaría la caída del gobierno— si aprobara en público una política opuesta a la de su partido esto es, a la que ese partido dijo que iba a ejecutar si llegaba al poder.

La clave de la diferencia entre la tradición política de Inglaterra y la de los Estados Unidos está en que los partidos norteamericanos no son permanentes, no están organizados sobre la base de un programa; son esquemas de partidos que sólo funcionan para fines electorales, cuando llega la hora de acumular votos; y al acercarse las elecciones los políticos de profesión se agrupan alrededor del candidato que a su juicio puede ganar. En los Estados Unidos no hay un partido que mantenga ideas si presume que con esas ideas puede perder las elecciones.

Desde hace tiempo se ha dicho que en Norteamérica un demócrata del Sur es a menudo más derechista que un republicano del Norte. Esto es cierto. Es frecuente ver a un senador republicano del Norte votando a favor de medidas liberales y a un senador demócrata del Sur votando en contra de ellas. Pero hay algo más: se conocen senadores demócratas del Sur que votan proposiciones liberales en todo aquello que no toque el problema racial, y en todo lo que se relacione con este problema votan sólo en favor de las medidas más derechistas.

Tales incongruencias se deben al hecho de que ninguno de esos políticos es líder, porque en los Estados Unidos no hay lugar para los líderes políticos. Como el liderazgo está en el cargo, hay que preservar el cargo; y como el país es sumamente contradictorio en su composición socio-política, para conservar el cargo hay que ser a un tiempo democrático y antidemocrático, republicano y antirrepublicano. Se afirma que el Sur es un bloque democrático, pero lo es sólo debido a que Lincoln era republicano y el Sur odia todo lo que huela al recuerdo de Lincoln. Es democrático en cuanto a su propensión a votar contra los republicanos; sin embargo, en las elecciones parciales de 1966 la gobernación de Florida fue ganada por un candidato republicano, cosa que no sucedía desde 1898. ¿Cuál fue la razón de ese cambio en el voto de los ciudadanos de Florida? Que el candidato de los demócratas era partidario de que se les reconocieran derechos civiles a los negros. Luego, los votantes del Sur son demócratas siempre que los candidatos demócratas del Sur se mantengan en los límites del *statu quo* en materia racista.

El problema racial no es el único que da origen a esa generalizada incoherencia de la vida política norteamericana. Hay muchos otros. En realidad los Estados Unidos no son un país, dicho en términos de poder; son varios países con varios poderes, todos, o casi todos, en lucha unos contra otros. La General Motors es por sí sola un poder económico y social que influye en la vida política del país mediante agentes de presión que actúan en Washington; pero la Ford Motors Company es otro poder, no tan grande como la General Motors, pero poder al fin, y en competencia con ella y con sus grupos de presión establecidos también en Washington. La Standard Oil Company busca influir en el gobierno para arrebatarle un contrato a la Phillip Petroleum o a una empresa similar; y por esa vía sigue una cadena interminable de poderes lanzados a un combate feroz. A su vez, todas las empresas se unen para enfrentarse a los sindicatos, y estos luchan para obtener de las empresas mejores salarios[2].

Los políticos profesionales —los eternos senadores, representantes, alcaldes— están siempre bajo amenaza de perder sus posiciones si no aciertan a saber a tiempo hacia qué lado inclinarse en una lucha de esos grandes poderes. En ocasiones las posibilidades de volver a ser nominado candidato al cargo dependen de que la empresa proporcione una ayuda pero puede suceder que la empresa esté esperando determinado permiso que perjudique los intereses políticos del aspirante, y puede suceder que la empresa esté solicitando la aprobación de tal o cual proyecto de ley al que se oponen los trabajadores; de manera que si el aspirante no sabe cómo actuar, puede ser que obtenga la ayuda de la empresa y que pierda los votos de los obreros, y puede resultar que logre el apoyo de los trabajadores pero que no pueda llegar a ser nominado candidato porque la empresa le negó la ayuda.

Las dificultades que afrontan los políticos norteamericanos debido a este último tipo de incoherencias —pues la de origen racial tiene un cariz más profundo, pero es más llevadera—, combinadas con el sistema que confiere categoría al político sólo a través del cargo, no de sus condiciones personales son la causa de que los norteamericanos tengan *politician* en vez de políticos. La palabra politician se aplica a aquel que en la actividad pública persigue un cargo y sus ventajas en vez de dedicarse a defender principios. Pero resulta que el político que en los Estados Unidos se dedique a defender principios chocará inmediatamente con uno o varios de esos muchos

---

[2] Véase en el Apéndice (II) una información sobre las principales firmas industriales de los Estados Unidos, el monto de sus ventas y de sus beneficios en el año de 1965.

poderes que hay en el país, y con el choque perderá la posición. De ahí proviene que en Norteamérica resulte despreciable, en el campo de la política la palabra *idealista*. Para un norteamericano, un idealista es un estúpido, puesto que arriesga la posición, que es lo que realmente tiene valor, a cambio de defender un ideal, que es algo que no tiene rendimiento palpable. En sus orígenes, cuando todavía había en los Estados Unidos gentes con ideales políticos, no meramente con intereses, la palabra *polician* era peyorativa, pero ahora no se concibe que se llame de otro modo a los políticos.

El pentagonismo ha venido a convertirse al mismo tiempo en un solucionador para los políticos de muchas de esas incoherencias y en un armonizador de intereses entre los grandes poderes económicos.

Al crear el gigantesco mercado de consumo militar, el pentagonismo ha requerido instalaciones de nuevas industrias y la ampliación de muchas de las que existían. Esto le ha resultado fácil, porque dispone de los enormes fondos que hacen falta para esas instalaciones o esas ampliaciones. Un contrato del Pentágono es un cheque al portador; con él se obtienen inmediatamente los terrenos, las máquinas, los científicos y los técnicos, los caminos y los tendidos eléctricos que se requieran para establecer una industria nueva o ampliar una que ya exista. A menudo esos contratos son por varios cientos de millones de dólares. Ahora bien: cada político profesional de los Estados Unidos, desde el presidente de la República hasta el último alcalde, tiene siempre necesidad de atender, en lo que se llama su "base política" —el lugar donde debe ganar las elecciones primarias—, peticiones de los votantes; y las peticiones más frecuentes son las de nuevas fuentes de trabajo, o lo que es lo mismo, nuevas industrias. Una industria nueva supone nuevos establecimientos comerciales, nuevas sucursales de bancos, nuevos hospitales, nuevas escuelas; en suma, nuevos votantes. El pentagonismo está en capacidad de proporcionar todo eso a través de sus contratos: basta que al dar uno se diga: "Queremos que tales piezas de los aviones que se van a fabricar gracias a este contrato sean producidas en tal lugar". Si el que pidió que esa fábrica se instalara en ese sitio es un senador o un diputado, los pentagonistas saben que podrán contar con su voto cuando lo necesiten. Por lo demás, el pentagonismo no pedirá su voto para asuntos de índole doméstica. Su campo de acción no son los Estados Unidos. Los Estados Unidos son el territorio donde el pentagonismo se aprovisiona de hombres y de máquinas de guerra y donde recauda beneficios; pero políticamente el país no tiene valor para él. Así pues, el político puede pedir favores al pentagonismo seguro de que no tendrá que pagarlos con decisiones que puedan perjudicar su futuro.

Como poder armonizador de los conflictos económicos entre las grandes firmas, el pentagonismo resulta de utilidad inapreciable para los políticos norteamericanos porque les resuelve problemas que en ocasiones son de mucha envergadura. Un contrato de algunos cientos de millones de dólares para fabricar tanques, aviones, buques, o para el suministro de petróleo, puede repartirse entre varias compañías competidoras. Desde el presidente de la República hacia abajo, para los políticos es un alivio saber que disponen de esa vía para atender solicitudes.

En realidad, el pentagonismo representa un mal —y una amenaza de males constantes— para los pueblos del mundo, especialmente para los de estructuras coloniales o dependientes, y para la juventud norteamericana, que tiene que suministrar soldados pentagonistas. Pero es una especie de bendición de los dioses para los políticos de los Estados Unidos y para los grandes poderes económicos que componen la plana mayor pentagonista. En otro orden, también ha resultado —y resulta, hasta el momento— una bendición del cielo para los millones de trabajadores, comerciantes, banqueros, empleados, profesionales, técnicos y científicos que reciben mejores salarios y sueldos gracias a la boyante economía de guerra. Eso explica que el pueblo norteamericano se haya dejado pentagonizar insensiblemente. Es casi seguro que cualquier otro pueblo, colocado en su lugar, hubiera caído en la pentagonización sin ofrecer resistencia, y es justo que esto se reconozca.

Ahora bien, volviendo al punto de política y pentagonismo, ¿sabe alguien en los Estados Unidos en qué desembocará esa doble política de su país, una para los asuntos domésticos, con un gobierno civil al frente, y otra para los internacionales, con un poder ilegal que la maneja a su gusto y medida? Si se produjera una catástrofe en el exterior, ¿sería posible rebajar, o liquidar, el poder del pentagonismo o se expondría el país a que los pentagonistas se lanzaran a tomar el poder después de haber barrido de sus posiciones a los políticos? Y si no se produce una catástrofe y los pentagonistas siguen haciendo la guerra por el mundo, ¿podrá el pueblo norteamericano hacer frente a todas las eventualidades que provocarán las guerras de agresión de sus militares?

La situación que tienen ante sí los Estados Unidos no es tranquilizadora. Mucha gente, dentro y fuera de Norteamérica, cree que un cambio de presidente significará un cambio de política internacional; pero esa gente se equivoca. No fue un engaño del presidente Johnson predicar una cosa en política exterior mientras solicitaba los votos del pueblo y hacer otra cuando llegó al poder. Al hacerse cargo de la presidencia Johnson encontró que ya no tenía mando efectivo en la política extranjera de su país. El propio John F. Kennedy pudo percibir los síntomas del peligro, y por eso advirtió que la política doméstica podía causar perturbaciones, pero que la

exterior podía matar a los Estados Unidos; y a pesar de eso fue
él, Kennedy, quien empezó el escalamiento en Viet Nam porque halló que ya en 1961, cuando él pasó a ser presidente, su
país estaba comprometido en la antigua Indochina a tal punto que no podía volver atrás. No en balde poco antes de des-
pedirse del cargo el presidente Eisenhower había dicho que
debía tenerse cuidado con el complejo financiero-industrial-
militar que estaba formándose en el país. El pentagonismo se
presentó como una poderosa estructura de poder al comenzar
el año 1965, pero era una realidad creciente en 1960 y era ya
indestructible cuando Johnson heredó la presidencia en noviembre de 1963.

La política norteamericana ha pasado a girar en dos esferas
conectadas por un engranaje. El pentagonismo actúa fuera de
los Estados Unidos, pero tiene que vivir de los Estados Unidos y contra pueblos que están lejos de las fronteras norteamericanas. La política y la economía del país se nutren, y se
nutrirán cada día más, de lo que produce el pentagonismo.
La esfera nacional y la esfera internacional se mueven impul-
sadas por el pentagonismo. El menor tropiezo en una de las
esferas se reflejará en el engranaje y modificará su acción, lo
que a su vez modificará la de otra esfera. Un diente que se
rompa en una de las esferas transformará el movimiento de
todo el mecanismo. En este caso, como en toda maquinaria,
la fuerza del todo depende de su punto más débil.

Doctrina y moral del pentagonismo

El pentagonismo no es el producto de una doctrina política o de una ideología; no es tampoco una forma o estilo de vida o de organización del Estado. No hay que buscarle, pues, parecidos con el nazismo, el comunismo u otros sistemas políticos. El pentagonismo es simplemente el sustituto del imperialismo, así como el imperialismo no cambió las apariencias de la democracia inglesa ni transformó su organización política, así el pentagonismo no ha cambiado —ni pretende cambiar, al menos por ahora— las apariencias de la democracia norteamericana.

Lo mismo que sucedió con el imperialismo, el pentagonismo fue producto de necesidades, no de ideas. El imperialismo se originó en la necesidad de invertir en territorios bajo control los capitales sobrantes de la metrópoli, y para satisfacer esa necesidad se crearon los ejércitos coloniales. En el caso del pentagonismo el fenómeno se produjo a la inversa. Por razones de política mundial los Estados Unidos establecieron un gran ejército permanente y ese ejército se convirtió en un consumidor privilegiado, sobre todo de equipos producidos por la industria pesada, y al mismo tiempo se convirtió en una fuente de capitales de inversión y de ganancias rápidas; una fuente de riquezas tan fabulosa que la Humanidad no había visto nada igual en toda su historia.

Ahora bien, como el imperialismo invertía capitales en los territorios coloniales para sacar materias primas que eran transformadas en la metrópoli, la colonia y la metrópoli quedaban vinculadas económica y políticamente en forma tan estrecha que formaban una unidad. El imperialismo no llegó a descubrir que podía obtener beneficios mediante la implantación de un sistema de salarios altos en la metrópoli —y si alguno de sus teóricos alcanzó a verlo debió callárselo por temor de que los pueblos coloniales reclamaran también salarios altos—; el imperialismo seguía aferrado al viejo concepto de que cuanto menos ganara el obrero más ganaba el capital, y para mantener ese estado de cosas el imperialismo tenía en sus manos el poder político tanto en la metrópoli como en las colonias. Pero el pentagonismo se dio cuenta de que los altos salarios contribuían a ampliar el mercado consumidor interno y se dio cuenta de que no necesitaba explotar territorios coloniales; le bastaba tener al pueblo de la metrópoli como fuente de capitales de inversión y como suministrador de soldados, pero reclamó tener el control de la política exterior de la metrópoli porque a él le tocaba determinar en qué lugar y en qué momento usaría los soldados, qué iban a consumir esos soldados, en qué país del mundo debía crearse un ejército indígena y qué productos se le entregarían.

Mucho tiempo después de estar operando, el imperialismo creó una doctrina que lo justificaba ante su pueblo y ante su propia conciencia; fue la de la supremacía del hombre blanco, que tenía la "obligación" de derramar los bienes de su "civilización" sobre los pueblos "salvajes". En los Estados Unidos esa doctrina tomó un aspecto particular y se convirtió en la del "destino manifiesto": esto es, la voluntad divina había puesto sobre las espaldas de los norteamericanos la obligación de imponerles a los pueblos vecinos su tipo especial de civilización, eso que ahora se llama el "american way of life".

Pero sucedió que Hitler atacó a los países imperialistas en nombre de la superioridad de la raza germana, y esos países tuvieron que defenderse bajo la consigna de que no había raza superior ni razas inferiores. La batalla fue tan dura que hubo que contar con la ayuda de las colonias y de los ejércitos indígenas; de manera que la llamada doctrina de la supremacía del hombre blanco quedó destruida; fue una víctima de la guerra.

Ahora bien, al formarse, y al pasar a ocupar el sitio que había ocupado el imperialismo, el pentagonismo se dio cuenta de que tenía que seguir los métodos del imperialismo en un punto: en el uso del poder militar. El pentagonismo, como el imperialismo, no puede funcionar sin ejercer el terrorismo armado. En ambos casos el eje del sistema está en el terrorismo militar. Luego, el pentagonismo, como el imperialismo, tenía que llevar hombres a la guerra y a la muerte, y nadie puede hacer eso sin una justificación pública. Ninguna nación puede mantener una política de guerras sin justificarla a través de una doctrina o una ideología política. Esa doctrina o esa ideología puede ser delirante, como en el caso del nazismo; pero hay que formarla y propagarla. En algunas ocasiones la doctrina o ideología fue predicada antes de que se formara la fuerza que iba a ponerla en ejecución, pero el pentagonismo no estaba en ese caso; el pentagonismo se organizó sin doctrina previa, como una excrecencia de la gran sociedad de masas y del capital sobredesarrollado.

Una vez creado el nuevo poder, ¿cómo usarlo sin una justificación?

Los Estados Unidos son una sociedad civilizada, con conocimiento y práctica de valores y hábitos morales. Al hallarse de buenas a primeras con un poder tan asombrosamente grande instalado en el centro mismo de su organización social y económica —y sin embargo fuera de su organización legal y de sus tradiciones políticas—, los jefes del país tuvieron que hacer un esfuerzo para justificar su uso. Ya se sabía, por la experiencia de las dos guerras mundiales de este siglo, que cuando el país ponía en acción grandes ejércitos la economía se expandía y el dinero se ganaba a mares. El gran ejército había sido establecido y había que ponerlo en acción. Era necesario nada más elaborar una doctrina, un cuerpo de ideas falsas o legítimas, que justificara ante el pueblo norteamericano y ante el mundo la existencia y la actividad extranacional de ese gran ejército.

Ya no era posible hablarle a la Humanidad de fuerzas ofensivas o agresivas. Desde el asiático más pobre y el africano más ignorante hasta el californiano más rico, todo el mundo sabía —después de la guerra de 1939-1945— que cualquiera agresión militar, sobre todo si partía de un país poderoso y se dirigía contra uno más débil, era un crimen imperdonable, todo el mundo sabía que los jerarcas nazis habían terminado en la horca de Nuremberg debido a que la guerra de agresión quedó catalogada entre los delitos que se castigan con la última pena, y que esta innovación jurídica había sido incorporada al derecho internacional. Había que inventar algo completamente opuesto a las guerras de agresión u ofensivas.

Y como lo contrario de ofender es defenderse, la doctrina del pentagonismo tenía que elaborarse alrededor de este último concepto. Si los Estados Unidos iban a una guerra en cualquiera parte del mundo, y especialmente contra un país débil; si usaban sus ejércitos como un instrumento de terror internacional, sería para defender a los Estados Unidos, no para agredir al otro país. Se requería, pues, establecer la doctrina de la guerra defensiva realizada en el exterior.

Pero había un conflicto intelectual y de conciencia que debía ser resuelto de alguna manera. Una nación hace una guerra defensiva para defenderse de un enemigo que ataca su territorio, y jamás se conoció otro tipo de guerra defensiva. ¿Cómo convertir en guerra defensiva la acción opuesta? ¿Cómo era posible trastrocar totalmente los conceptos y hacerles creer al pueblo americano y a los demás pueblos del mundo que defensa quería decir agresión y agresión quería decir defensa? Al parecer el conflicto no tenía salida, y sin embargo el pentagonismo halló la salida. La doctrina que justificaría el uso de los ejércitos pentagonistas en cualquier parte de la Tierra, por alejada que estuviera de los Estados Unidos, iba a llamarse la de *las guerras subversivas*. Esta vino a ser doctrina del pentagonismo.

¿Cuál es la sustancia de esa doctrina y cómo opera el método para aplicarla?

La sustancia es bien simple: toda pretensión de cambios revolucionarios en cualquier lugar del mundo es contraria a los intereses de los Estados Unidos; equivale a una guerra de subversión contra el orden norteamericano y en consecuencia es una guerra de agresión contra los Estados Unidos que debe ser respondida con el poderío militar del país, igual que si se tratara de una invasión armada extranjera al territorio nacional.

Hasta hace pocos años esa doctrina se llamaba simplemente el derecho del más fuerte a aplastar al más débil; era la vieja ley de la selva, la misma que aplica en la jungla del Asia el tigre sanguinario al tímido ciervo; había estado en ejercicio desde los días más remotos del género humano en todos aquellos sitios donde el hombre se conservaba en estado salvaje y parecía increíble que alguien tratara de resucitarla en una era civilizada. Pero a los pentagonistas les gustó tanto —debido a que era imposible inventar otra— que quisieron honrarla dándole el nombre de uno de sus bienhechores, y la llamaron doctrina Johnson.

El método para aplicar la nueva ley de la selva o doctrina de las guerras subversivas o doctrina Johnson es tan simple como su sustancia, y también tan primitivo. Consiste en que el gobierno de los Estados Unidos tiene el derecho de calificar todo conflicto armado, lo mismo si es entre dos países que si es dentro de los límites de un país, y a él le toca determinar si se trata o no se trata de una guerra subversiva. La calificación se hace sin oír a las partes, por decisión unilateral y solitaria de los Estados Unidos. Como ya hay precedentes establecidos, sabemos que una guerra subversiva —equivalente a una agresión armada al territorio norteamericano— puede ser una revolución que se hace en la República Dominicana para restablecer el régimen democrático y liquidar treinta y cinco años de hábitos criminales o puede ser la guerra del Vietcong que se hace para establecer en Viet Nam del Sur un gobierno comunista. Guerra subversiva es, en fin, todo lo que el pentagonismo halle bueno para justificar el uso de los ejércitos en otro país.

Cuando Fidel Castro declaró que Cuba había pasado a ser un país socialista el pentagonismo era ya una fuerza respetable, pero no era todavía un poder con la coherencia necesaria para imponerse a su propio gobierno. Aun después de haber alcanzado la coherencia que le faltaba, necesitaba una doctrina que le proporcionara el impulso moral para actuar. El presidente Kennedy titubeó en el caso de Bahía de Cochinos porque no tenía una doctrina en que apoyarse, y tal vez se descubra algún día que ese titubeo colocó al gobierno de Kennedy —es decir al poder civil del país— en una situación de inferioridad frente poder pentagonista que fue decisiva para los destinos norteamericanos. No se conocen pruebas documentales de lo que vamos a decir, pero cuando se dedica atención al proceso de integración del pentagonismo se intuye que su hora determinante, la de su fortalecimiento, está entre Bahía de Cochinos y el golpe militar que le costó el poder y la vida a Ngo Dinh Diem.

Es fácil darse cuenta de que al elaborar la llamada doctrina de las guerras subversivas estaba pensándose en Viet Nam, pero tal vez más en Cuba y en Bahía de Cochinos. La idea de que Fidel Castro se dedicaba a organizar guerrillas en la América Latina y que algún día habría que invadir Cuba para eliminar a Fidel Castro palpita en el fondo de ese engendro denominado doctrina de las guerras subversivas. La verdad es que Cuba comunista hizo perder el juicio a los Estados Unidos; llevó a todo el país a un estado de pánico inexplicable en una nación con tanto poder, y ese pánico resultó un factor importante a la hora de crear la justificación doctrinal del pentagonismo.

Los actos de los pueblos, como los actos de los hombres, son reflejos de sus actitudes. Pero sucede que la naturaleza social es dinámica, no estática, de donde resulta que todo acto provoca una respuesta o provoca otros actos que lo refuercen. Ningún acto, pues, puede mantenerse aislado. Así, la cadena de actos que van derivándose del acto principal acaba modificando la actitud del que ejerció el primero y del que ejecuta los actos- respuestas. Esa modificación puede llevar a muchos puntos, según sea el carácter —personal, social o nacional— del que actúa y según sean sus circunstancias íntimas o externas en el momento de actuar.

El pánico al comunismo cubano provocó en los Estados Unidos cambios serios en su actitud mental. En el primer momento decidieron intervenir en Cuba secretamente, a fin de no violar en forma abierta su política de no intervención, y para eso se valieron de la CIA. Pero un régimen de libertades públicas no puede actuar en secreto, y además Castro respondió a esas actividades secretas con fusilamientos públicos de los agentes enviados a Cuba, de manera que las actividades ocultas acabaron siendo conocidas en el mundo entero. Cogidos en el delito e incapacitados para enfrentarse con su miedo irracional al comunismo cubano, los Estados Unidos se convirtieron en un país de suspicaces, y acabaron creyendo que todo cambio político, en cualquier parte del mundo, era en fin de cuentas un cambio hacia el comunismo. Puesto que así había sucedido en Cuba, así sucedería en otros lugares.

Del miedo al comunismo y de su fracaso en Bahía de Cochinos, los norteamericanos pasaron a temer a cualquier cambio en cualquier sitio, y de este temor pasaron a vigilar el mundo. En suma, el final de la madeja de nuevas actitudes y de actos derivados de esas nuevas actitudes tenía que ser —y fue— que los Estados Unidos terminaran pensando que debían convertirse en la policía del mundo.

¿Pero qué clase de policía? ¿La que pone orden, por mandato de la ley, donde los ciudadanos desordenan, o la que persigue ideas y actividades políticas que se consideran peligrosas para la sociedad; es decir, lo que en todas partes se llama policía política? Los Estados Unidos se dedicaron a ser la policía política del mundo; y esa tenía que ser la derivación natural de la llamada doctrina de las guerras subversivas, puesto que la palabra *subversiva* tiene una clara implicación política; describe el esfuerzo que se hace para cambiar un orden político, una forma de Estado o un gobierno.

En un país capitalista las ideas y las actividades políticas peligrosas para la sociedad son, lógicamente, las comunistas, ya que ellas están dirigidas a cambiar el orden económico, social y político, la forma del Estado y el sistema de gobierno. Pero en un país comunista las ideas y las actividades políticas peligrosas son las capitalistas, porque se dirigen a restablecer el orden económico, social y político que fue derribado y sustituido por el comunismo. De manera que a la hora de actuar como policía política del mundo el país pentagonista tiene por delante una tarea difícil, porque no puede ser al mismo tiempo policía política para impedir cambios en el mundo capitalista y para impedirlos en el mundo comunista; debe conformarse, pues, con ser policía política en el mundo capitalista. Y efectivamente, los Estados Unidos son la policía política del mundo capitalista.

Ahora bien, ¿qué cuerpo ejerce esa labor de policía política mundial?

Algunos pensarán que es la CIA; pero no es la CIA. Esa agencia husmea las novedades, se entera de donde hay posibilidades de que estalle un movimiento revolucionario, y nada más. La labor policial propiamente está a cargo de las fuerzas armadas norteamericanas.

Esta no es una afirmación caprichosa. Lo dice el Pentágono en el libro *Guerrilla Warfare and special forces operations* (FM 31-21)[1].

Desde las primeras páginas, ese candoroso documento pone en evidencia el poder pentagonista como fuerza que actúa siguiendo un plan propio. Así, declara en la introducción que "la guerra de guerrillas es una responsabilidad del ejército de los Estados Unidos" y que "dentro de ciertas áreas geográficas señaladas —llamadas áreas de operaciones guerrilleras— el ejército de los Estados Unidos tiene la responsabilidad de dirigir todos los tres campos de actividad que se relacionan entre sí en la medida en que afecten las operaciones de guerra de guerillas"[2].

---

[1] Publicado por *Headquarters*, Department of Army, Washington 25, D.C., 29 september 1961. Tiene una nota al pie que lee: "This manual supersedes FM 31-21,8 May 1958" esto es, que el del 961 reemplaza al de 1958. El volumen que he consultado indica que es "Areprint of the original" (pág. l), y en la última página (260) trae la siguiente nota: "Reprinted 1966, bypermission Department of the Army additional publications on arms and military science of interest to the shooter and soldier available from Mormount Armament C., Box 211, Forest Gove, Ore."

[2] *Ibid*. Pág. 3. Part One. Introduction. Chapter 1. Fundamentals, 3. Delineation of Responsabilities of Unconventional Warface, a y b.

Ahora bien, ¿por qué esa es una responsabilidad del ejército de los Estados Unidos?

No se sabe. El libro *Guerrilla Warfare* dice sólo que "la responsabilidad para algunas de esas actividades ha sido delegada", y da a entender que la delegación ha sido hecha por algún poder superior y que tal delegación significa que los Estados Unidos son los encargados del asunto. ¿Dónde, en qué parte del mundo? Tampoco se dice, y desde luego se entiende que en cualquier parte de la Tierra.

Las páginas que tienen valor político en ese libro alusivo y a la vez peligroso aparecen en su lengua original y traducidas al español en el Apéndice I. Recomendamos que se lean cuidadosamente. Al leerlas, el lector quedará confundido y creerá que en esas páginas hay bastante oscuridad o que faltan párrafos, y pensará que con esa falta se pierde el sentido de lo que se quiso decir.

Efectivamente, hay bastante oscuridad. *Pero se trata de una oscuridad elaborada cuidadosamente.* Por momentos *Guerrilla Warfare* parece una navaja de dos filos, y al lector le resulta difícil darse cuenta de si el libro fue escrito para enseñar a combatir actividades guerrilleras anti-americanas o para enseñar a dirigir guerrillas proamericanas. Esto se debe a que el manual fue escrito para servir los dos propósitos y el último no podía ser expresado abiertamente. Es posible que cuando se escribió se estuviera pensando en organizar guerrillas proamericanas en algún país; quizá en la América Latina; tal vez en la Cuba de Fidel Castro.

En todo caso, la conclusión que va a sacar el lector que *Guerrilla Warfare* es un libro altamente subversivo. En apariencia fue redactado para enfrentarse a guerras que los Estados Unidos consideraban —o podían considerar— dentro de lo que ellos califican como subversivas, esto es, peligrosas para sus intereses. Pero la verdad es que ese libro se escribió para organizar la subversión en otros países. En este sentido, *Guerrilla Warfare* es un documento de valor inapreciable. Un país que mantiene en sus fuerzas armadas una organización destinada a subvertir el orden político en otras naciones debería ser considerado como una amenaza para la paz del mundo.

Como los que elaboraron el manual sabían que se corría el riesgo de que hubiera acusaciones internacionales, sostenidas por otros gobiernos, basadas en *Guerrilla Warfare* —que es un documento oficial— procedieron a redactarlo con esa oscuridad que resulta al fin tan luminosa para conocer la intimidad del pentagonismo.

Como manual para instruir oficiales y seguramente miembros de todos los niveles de las llamadas fuerzas especiales, el libro parte de un principio básico: los Estados Unidos tienen derecho a intervenir en cualquier país del mundo, o para combatir guerrillas o para organizar guerrillas. En ningún párrafo de *Guerrilla Warfare* se pone en duda la legitimidad del derecho de intervención. Los oficiales, las clases y los soldados educados con él creerán siempre, ciegamente, que están actuando dentro de la más rigurosa ley internacional y que van a salvar a otros pueblos amenazados por un enemigo feroz.

Cuando el libro fue redactado no se soñaba con una revolución en la República Dominicana ni con el incidente del Golfo de Tonkín. El presidente Kennedy había tomado el poder ese año y probablemente ni siquiera llegó a sospechar nunca que bajo su gobierno se había compuesto y editado un libro como *Guerrilla Warfare*.

Guerrilla Warfare es, evidentemente, parte importante de un programa que se adoptó para organizar un cuerpo de policía política mundial. Mediante el uso de esa policía el pentagonismo pretende impedir cambios en la porción capitalista de la Tierra.

Pero sucede que esa porción capitalista de la Tierra está compuesta por pueblos ricos y pueblo pobres, por pueblos sobredesarrollados, desarrollados y sin desarrollo alguno; por pueblos que viven al nivel de la gran sociedad de masas, como los propios Estados Unidos, y al nivel de la tribu, como varios de África. La pretensión de mantener inmóvil a ese conglomerado de contradicciones sólo puede caber en una cabeza delirante. Y efectivamente, el pentagoismo y su doctrina de las guerras subversivas son productos delirantes de gentes que han perdido al mismo tiempo el sentido de las proporciones y la conciencia moral. A los nazis les sucedió eso y su final fue catastrófico.

Desde luego, en el campo político hay una relación estrecha entre el sentido de las proporciones y la conciencia moral, y si se pierde el primero la segunda queda afectada. Casi siempre ocurre lo opuesto, que el sentido de las proporciones se pierde porque antes se había perdido la conciencia moral. Por otra parte, el afán de lucro en cantidades tan fabulosas como las que se ganan en los negocios pentagonistas conduce necesariamente a la pérdida del sentido de las proporciones. Parece natural, pues, que el pentagonismo haya producido esos efectos y sin duda hubiera sido contrario al orden de la naturaleza que los hubiera producido. Todo poder se convierte en origen de transformaciones, o lo que es lo mismo, todo poder tiene efectos en el medio en que actúa, y el pentagonismo no podía ser una excepción.

Ahora bien, lo que no parece lógico es que esos efectos lleguen a ciertos límites. Hay apariencias que todo gran país debe mantener. Poner al presidente de los Estados Unidos a decir mentiras es degradar el país ante el mundo, y eso ha hecho el pentagonismo; poner a los más altos funcionarios de la nación a decir hoy lo contrario de lo que dijeron ayer es colocar al gobierno en una posición ridícula y de mal gusto, y eso lo hace constantemente el pentagonismo.

Durante la intervención pentagonista en la República Dominicana se puso al presidente Johnson en la situación más penosa que ha tenido ningún jefe de Estado en muchos años. Se le hizo decir, primero, que estaba desembarcando el 28 de abril (1965) un número limitado de tropas para proteger la vida de los ciudadanos norteamericanos, y tres días después entraban en la ciudad de Santo Domingo miles de hombres de la infantería de marina de los Estados Unidos con equipo tan pesado como el que se llevó al desembarco de Normandía; se le hizo decir que disparos de francotiradores estaban entrando en el despacho del embajador norteamericano en Santo Domingo y que las balas cruzaban por encima de la cabeza del embajador en el momento mismo en que hablaba con el señor Johnson, y resultaba que dada la situación del despacho del embajador eso era físicamente imposible aun en el caso de que alguien estuviera disparando sobre la embajada, cosa que no ocurrió en ningún momento; se le hizo decir que en las calles de la capital dominicana había miles de cuerpos decapitados y que las cabezas de esos cuerpos eran paseadas en puntas de lanzas, y nadie pudo presentar siquiera la fotografía de una cabeza cortada; se le hizo decir que la revolución era comunista y luego se presentó una lista de 51 comunistas dominicanos, lo que provocó una risotada en todo el mundo.

Pero de todos modos, y a pesar de lo lamentable que resultaba el espectáculo de oír al presidente del país más poderoso de la Tierra diciendo cosas que los periodistas de ese mismo país que se hallaban en el teatro de los acontecimientos tenían que desmentir en el acto, había algo más serio que lamentar, y era la violación abierta y sin pudor de compromisos que los Estados Unidos habían contraído, en la mayor parte de las veces por inspiración suya y después de haber luchado largamente para convencer a las demás partes; se trataba de pactos que el gobierno norteamericano había propuesto a los demás gobiernos de la América Latina, que él había elaborado, discutido, aprobado y que por último estaban incorporados a las leyes norteamericanas porque habían sido aprobados por el Congreso federal.

Todo eso lo hizo el pentagonismo sin denunciar previamente esos pactos, con lo que estableció un nuevo precedente. Es más, todavía los Estados Unidos siguen manteniendo esos pactos, como si no hubiera pasado nada, y la Organización de Estados Americanos —la OEA—, que fue el órgano producido para tales pactos, sigue funcionando, también como si no hubiera pasado nada.

Esto sólo podía hacerse —y se hizo— después de haberse perdido la conciencia moral, y como la conciencia moral está vinculada al sentido de las proporciones, éste faltó también cuando se lanzó sobre la pequeña, inerme República Dominicana un poderío militar más grande que el que en ese mismo momento —finales de abril del 1965— tenía el pentagonismo en Viet Nam del Sur.

Se ha querido presentar la historia de la intervención norteamericana en la República Dominicana como un modelo de acción internacional bienhechora; pero la historia es muy diferente; es una dolorosa historia de abusos, de asesinatos y de terror que se ha mantenido silenciada mediante el control mundial de las noticias. Bastarán unos pocos datos para que se entrevea la verdad: desde las 9 de la mañana del 15 de junio de 1965 hasta las 10 de la mañana del día siguiente, sin una hora de descanso ni de día ni de noche, la ciudad de Santo Domingo fue bombardeada por las fuerzas de ocupación de los Estados Unidos. En esas 25 horas de bombardeo los hospitales no daban abasto para atender a los cuerpos desgarrados por los morteros pentagonistas.

Hasta ahora no se ha dicho la verdad sobre el caso dominicano, pero se dirá a su tiempo. El pentagonismo ha hecho circular *su verdad* y cree que eso basta. Pero lo cierto es que la intervención en la República Dominicana es un episodio que todavía no se ha liquidado. Ese abuso de poder tendrá consecuencias en la América Latina y en la propia República Dominicana, y esas consecuencias obligarán a los Estados Unidos a actuar en forma más descabellada que en abril de 1965.

Sin embargo, como cada hecho produce un efecto relacionado a su magnitud, es en la intervención de los Estados Unidos en Viet Nam, mucho más amplia y cruda que en la República Dominicana, donde podemos hallar la medida de lo que ha sucedido en el país pentagonista en términos de conciencia moral. En Viet Nam se ha recurrido a todas las formas de matanza y destrucción en masa para aterrorizar a los combatientes del Vietcong y a los gobernantes del Viet Nam del Norte. ¿Y por qué se les quiere aterrorizar? Los personajes políticos, los periodistas y los comentaristas norteamericanos lo han dicho varias veces: para obligar a Ho Chi Minh a sentarse ante una mesa de conferencias, es decir, para forzarle a negociar. La frase se ha repetido tanto que se ha hecho usual en los Estados Unidos.

¿Puede concebirse una expresión que denuncie más claramente la falta de conciencia moral? ¿Es que los personajes, los funcionarios, los comentaristas de los Estados Unidos no alcanzan a darse cuenta de lo que están diciendo? ¿Es que para ellos se ha vuelto moral el uso del terror para alcanzar fines políticos? ¿Qué diría uno de los señores que se expresan tan a la ligera si en su propio hogar se presentara un hombre armado de ametralladora y matara a uno de sus hijos para infundir miedo en el resto de la familia y obligarla a hacer lo que se propone el asaltante?

Pues bien, en principio no hay diferencia entre lo que hacen y dicen los funcionarios pentagonistas para justificar el bombardeo de Viet Nam del Norte y lo que haría el bandido que asaltara una casa y diera muerte a un niño para obtener lo que busca.

Supongamos que los Estados Unidos tienen razón cuando se atribuyen el papel de policía del mundo; supongamos que dicen la verdad cuando aseguran que ellos están combatiendo en Viet Nam sólo para evitar que el Sur de ese país sea agredido por el Norte; supongamos, pues, que hay coherencia entre el papel de policía del mundo que desempeñan los norteamericanos y los bombardeos de Viet Nam del Norte, es decir, que ellos persiguen en Viet Nam del Norte a varios criminales que han cometido crímenes en Viet Nam. Pues bien, aun si aceptamos todas esas falsedades nos quedan por hacer algunas preguntas.

¿Tiene la policía derecho a penetrar en una casa donde se ha refugiado un criminal y dar muerte a los niños de esa casa para obligar al criminal a rendirse? ¿Puede hacer eso la policía aun en el caso de que los muertos sean los hijos del criminal perseguido? ¿Qué diría el ciudadano promedio de New York si la policía de esa ciudad actuara en esa forma? ¿Lo encontraría justo, razonable, lógico; le parecería moral? Debe hallarlo moral, puesto que eso es lo que su gobierno está haciendo en Viet Nam.

De la falta de conciencia moral a la corrupción intelectual no hay distancias. El catálogo de las falsedades que se dicen en los documentos oficiales norteamericanos para justificar la intervención en Viet Nam y los bombardeos a ciudades abiertas de Viet Nam del Norte es ya grande. Hoy se afirma algo mañana se desmiente, y los funcionarios ni siquiera tratan de justificar esas contradicciones.

Al mismo tiempo que se ha hecho un hábito mentir oficialmente, se ha establecido todo un aparato para desacreditar a las instituciones y a los hombres que no se someten al pentagonismo[3] y para enaltecer a los que le sirven. En esta tarea se sigue un método ya probado: se dice una mentira que será luego repetida por "liberales" conocidos, de manera que a poco la mentira queda convertida en verdad propagada por los supuestos abanderados de la verdad. En esto, los difamadores del Pentagonismo han mejorado las enseñanzas del maestro Goebbels.

La doctrina del pentagonismo es deleznable, pero la moral pentagonista no tiene nada que envidiarle.

---

[3] El ex embajador de los Estados Unidos ante mi gobierno, John Bartlow Martin, elaboró uno de esos documentos de encargo para justificar la intervención de su país en la República Dominicana sobre la base de que yo era un loco que vivía lleno de miedo.

EL PENTAGONISMO Y AMÉRICA LATINA

Viet Nam y la América Latina son los dos sitios del mundo donde se ejerce con mayor intensidad el poder pentagonista. A primera vista puede parecer exagerado que se compare la situación de la América Latina con la de Viet Nam; pero no se exagera. Viet Nam está luchando con las armas en la mano contra el pentagonismo y América Latina se mantiene, por lo menos en conjunto, en estado de docilidad; y eso hace toda la diferencia. Pero el control que ha logrado establecer el pentagonismo en la América Latina es similar al que tenían en Viet Nam antes de que comenzara la lucha contra el régimen de Diem, y dondequiera que se pierda ese control el pentagonismo actuará igual que en Viet Nam. Ya tenemos la prueba en el caso de la República Dominicana. En Viet Nam, cuando el ejército indígena pentagonizado quedó material y moralmente desbandado por las fuerzas del Vietcong —entre fines de 1964 y principios de 1965—, fue sustituido por las fuerzas expedicionarias pentagonistas, que en poco tiempo se acercaron al medio millón; en la República dominicana, cuando el ejército pentagonizado del país resultó aniquilado por el levantamiento de abril de 1965, fue sustituido por la infantería de marina norteamericana, que en pocos días desembarcó más hombres que los que tenían antes de la revolución las fuerzas armadas dominicanas.

En Viet Nam, frente a las guerrillas del Vietcong, habían fracasado no sólo los ejércitos indígenas compuestos por más de 600.000 hombres, sino además la enorme misión militar norteamericana que los, instruía, organizaba y dirigía. Esa misión contaba a fines de 1964 con más de 10.000 oficiales y clases. En la República Dominicana habían fracasado también a un tiempo las tropas nativas y los oficiales y sargentos de la misión militar de los Estados Unidos, que les dieron órdenes de combatir a la revolución con todos los medios a su alcance. Sin esas órdenes, y sin contar con la seguridad de que tendría todo el respaldo pentagonista, los militares dominicanos no se hubieran lanzado a combatir un movimiento que tenía el más sorprendente apoyo de pueblo.

Hubo un momento, pues, en que la situación de Viet Nam y la de un país latinoamericano fueron similares; sólo se diferenciaban en el número de hombres empleados en la lucha, pero no en los métodos ni en la ferocidad. Es más, la ciudad de Santo Domingo fue bombardeada desde el aire y desde el mar, de manera continua e implacable —sobre todo en lo que toca al bombardeo aéreo— en los primeros días de la revolución, y el bombardeo fue especial y cnérgicamente ordenado por la misión militar norteamericana; pero si eso fuera poco, recordemos que la ciudad fue bombardeada mes y medio después por las baterías de morteros de las fuerzas norteamericanas, lo que equivale a los bombardeos aéreos sobre Hanoi. Viet Nam es un laboratorio de pruebas, y todo lo que el pentagonismo ha probado en Viet Nam lo aplicará a su hora en la América Latina.

Los dos países que hoy se llaman Viet Nam del Norte y Viet Nam del Sur eran parte de un solo país, Indochina, colonia de Francia. Bajo la dirección política de Ho Chi Minh se inició hacia el 1940 un movimiento armado contra los franceses, que acabó triunfando en el norte del país hacia el mes de mayo de 1954. El día 8 de ese mes, el ejército francés, sitiado en Dien Bien Phu, tuvo que rendirse.

Hasta entonces la única intervención norteamericana en Indochina era que los Estados Unidos daban dinero y equipos a los franceses para que sostuvieran la guerra. Pero ya comenzaba a formarse el pentagonismo, aunque sin darse cuenta de que iba a ser pentagonismo. Ya unos cuantos banqueros, industriales y políticos norteamericanos pensaban que ellos debían ser los herederos del imperio colonial inglés y francés, y ya tenían convencido al presidente Eisenhower de que si Indochina caía en manos del comunismo éste se extendería por todo el Asia y los Estados Unidos acabarían ahogados por una marea comunista mundial. El senador McCarthy aterrorizaba a los liberales de los Estados Unidos y mientras tanto el pentagonismo avanzaba sin que nadie se diera cuenta. Así, al producirse la derrota de Francia en Indochina los Estados Unidos estaban listos para pasar a ocupar el lugar de los franceses; y como no era posible ocupar ese lugar en el Norte del país, que estaba dominado por las fuerzas victoriosas de Ho Chi Minh, inventaron la división de Indochina en dos países, Viet Nam del Norte, que quedó en manos de Ho Chi Minh y de sus partidarios, y Viet Nam del Sur, que poco después fue puesto bajo el gobierno de Ngo Dinh Diem.

Ngo Dinh Diem proclamó la República de Viet Nam del Sur el 26 de octubre de 1955 y se nombró él mismo presidente; dos meses después comenzaban en todas partes la persecución, la prisión, la tortura y la muerte de los que habían combatido contra los franceses en la región del sur. Mientras tanto, los Estados Unidos, que respaldaban en todo a Diem entraban en posesión del aparato militar, burocrático y político que había creado Francia, empezaron a equipar el ejército indígena que había servido a los franceses y ahora servía a Diem y acabaron organizándolo y dirigiéndolo a través de "consejeros". En poco tiempo los Estados Unidos entregaron al ejército de Viet Nam del Sur desde buques de guerra y aviones hasta zapatos y aspirinas.

A mediados de 1957 comenzaron a formarse guerrillas contra el gobierno de Diem, lo que dio lugar a un aumento de las medidas represivas y también a un aumento de la ayuda norteamericana al gobierno. Poco a poco, los líderes de las finanzas y de la industria sobredesarrollada de los Estados Unidos iban dándose cuenta de que a medida que crecía la intervención de su país en Viet Nam sus negocios se expandían y sus beneficios aumentaban con mayor rapidez. Precisamente los Estados Unidos habían tenido una recesión económica en 1957 y la recuperación coincidió con el reforzamiento de la ayuda a Diem, en 1958; desde ese año, las ganancias de las grandes firmas norteamericanas han sido constantes y crecientes[1].

En diciembre de 1960 se formó el Frente Nacional de Liberación de Viet Nam del Sur y la guerra de guerrillas empezó a convertirse en una guerra más amplia. Al tomar posesión de la presidencia de los Estados Unidos —en enero de 1961—, John F. Kennedy halló creada una situación en la que su país estaba comprometido hasta un punto del que no podía retornar. La posición de Kennedy en Viet Nam se agravaba con el fracaso de Bahía de Cochinos. Así, pues, en el mes de mayo de 1961, el vicepresidente Johnson, enviado por Kennedy a Saigón, declaró conjuntamente con Ngo Dinh Diem que la "independencia y la integridad territoriales del Viet Nam son brutal y sistemáticamente violadas por agentes comunistas y por fuerzas del Norte"[2]. Obsérvese que en ese

---

[1]   Ver Apéndice (II), al final de este libro.

[2]   Cita tomada de Wilfred Burchett, en su libro *Viet Nam: la Segunda Resistencia*, Ediciones de Materiales, S.A., Barcelona, 1967.

documento de los gobiernos de Viet Nam del Sur y Estados Unidos se dice "del Norte"; no se menciona el gobierno de Ho Chi Minh. Sin embargo, ahí comenzó Viet Nam del Norte a ser implicado en la guerra. Bajo el gobierno de Kennedy, pues, empezaron a echarse las bases legales del ataque a Viet Nam del Norte. Kennedy, debilitado ante el sector militar por su fracaso en Bahía de Cochinos —que se le atribuyó a él, debido a que se negó a autorizar el uso de aviones de combate contra Cuba— fue cediendo terreno en Viet Nam. En diciembre de ese mismo año el Departamento de Estado publicó un Libro Blanco en que se acusaba a Hanoi de estar dirigiendo las guerrillas del Sur.

A partir de ese momento comenzó a perfilarse el pentagonismo como una fuerza que iba a tomar en la primera oportunidad la dirección de la política exterior norteamericana, tras los bastidores del gobierno civil. En febrero de 1962 los Estados Unidos establecían en Saigón el Mando de Asistencia Militar en Viet Nam, bajo la dirección de un general —Paul D. Harkins— y con 4.000 "consejeros". Este número aumentaría a medida que se intensificara la guerra de guerrillas y se desmoronaba el enorme ejército de tierra, mar y aire que habían organizado los norteamericanos con naturales del país. La insurrección se extendió a todas partes, estalló en Saigón en forma de manifestaciones, suicidios de monjes por el impresionante método de darse fuego, protestas masivas, conspiraciones y golpes de Estado. El embajador Cabot Lodge pidió a Diem que renunciara y éste se negó. El problema quedó resuelto con el derrocamiento del dictador y su muerte a tiros, mientras huía, ocurrida al comenzar el mes de noviembre de 1963, veinte días antes de que Kennedy fuera inmolado en Dallas.

Los repetidos cambios de gobierno en Saigón, el envío de más equipos, más "consejeros" militares y más dinero de los

Estados Unidos a Viet Nam del Sur; los viajes de inspección de McNamara, del general Taylor, de delegados del presidente Johnson, no mejoraron la situación. Durante todo el año de 1964 las fuerzas de Viet Nam del Sur siguieron desmoronándose, negándose a combatir, desertando, mientras la campaña de propaganda anti-comunista crecía en intensidad, tanto en Viet Nam como en los Estados Unidos.

Al mismo tiempo que todo eso, aumentaba el poder del pentagonismo. A mediados de 1964 el poder civil norteamericano se plegó a la tesis pentagonista de que había que expandir la guerra. El secretario de Estado Rusk lo dijo en el mes de mayo con esas mismas palabras. En los últimos días de ese año la guerra de guerrillas se había convertido en una guerra general. En el llamado Informe Mansfield[3] se declaró abiertamente que "en los primeros meses de 1965 se produce el derrumbamiento total de la autoridad del gobierno de Saigón", y se afirmó que debido a esa situación, "como respuesta a la llamada de las autoridades de Saigón llegó gran número de tropas de combate de los Estados Unidos". También a la República Dominicana se enviaron tropas a petición de una junta militar que la embajada norteamericana había formado apresuradamente sólo con ese fin.

Ese "gran número de tropas" de que habla el Informe Mansfield es lo que se ha llamado "la escalada de Viet Nam"; comenzó con 3.500 hombres enviados el 8 de febrero (1965) sólo para defender la base norteamericana de Da Nag, según se declaró oficialmente, así como en Santo Domingo se desembarcaron el 28 de abril de ese mismo año 400 hombres "sólo para garantizar las vidas de los ciudadanos de los

---

[3] El Informe Mansfield fue elaborado por un grupo de senadores norteamericanos encabezado por el señor Mike Mansfield, que estuvo en Viet Nam y en otros países asiáticos en el año 1965. El Informe fue presentado a la Comisión de Asuntos Exteriores del Senado, que preside el senador Fulbright.

Estados Unidos," según declaró el presidente Johnson; en mayo la cifra había subido a 45.000 —una cantidad ligeramente más alta que la que en ese mes había sido enviada a la República Dominicana— y en diciembre se acercaba a los 200.000, incluidos en ese número unos 21.000 surcoreanos y algunos cientos de otros "aliados" —así como en la República Dominicana había, también para el mes de diciembre, soldados brasileños, hondureños, nicaragüenses y paraguayos—.

Si se observa con cuidado la evolución de los sucesos de Viet Nam y se relacionan con los de América Latina —sobre todo con los de Cuba y la República Dominicana—, se obtiene la impresión de que el momento decisivo para la formación del pentagonismo —su paso de la juventud a la madurez, podríamos decir— se halla en los tres años del gobierno de Kennedy. Hay indicios de que durante el año de 1964, bajo la presión de lo que acontecía en Viet Nam del Sur, el pentagonismo elaboró planes ya definidamente pentagonistas, y al comenzar el año de 1965 estaba listo para desatar su poderío armado en cualquier lugar del mundo. A esa altura, el pentagonismo tenía el control de la política internacional de los Estados Unidos; los departamentos del gobierno civil dedicados al campo internacional estaban a su servicio y el presidente de la República se veía en el caso de acceder a sus demandas. En ese momento el pentagonismo era como un joven tigre listo a lanzarse sobre su presa y sujeto apenas con un hilo de seda. Eso es lo que explica la violencia de la reacción norteamericana —la "over-reaction", como se dijo en ocasión de la intervención militar en Santo Domingo— en sus actuaciones exteriores a partir de los primeros días de 1965. No debemos olvidar que el primer envío de soldados norteamericanos a Viet Nam en calidad de combatientes, no de "consejeros", fue hecho al comenzar el mes de febrero de ese mismo año.

El *New York Times* cree que el presidente Johnson vino a doblegarse a las presiones militares a mediados de 1967 y se lamenta de ello; pero un estudio cuidadoso de lo que ha estado sucediendo en los Estados Unidos en los últimos años indica que las sospechas del *New York Times* son tardías. En un editorial del día 1 de septiembre de 1967, el afamado periódico norteamericano llega a la orilla de la verdad; la bordea y se alarma. Sin embargo, es muy difícil que un ciudadano de los Estados Unidos acepte en su conciencia esa siniestra verdad. De todos modos, el editorial, publicado bajo el título de "Generales Fuera de Control"[4] es tan importante que nos parece necesario reproducirlo aquí. Dice así[5]:

"La campaña pública de algunos de los más altos generales del país en favor de más bombardeos de Viet Nam del Norte —una campaña que les ha proporcionado ahora una victoria inicial en el Senado— ha levantado serios desacuerdos acerca de si el control de la defensa y de la política exterior debe ser civil o militar.

'El espectáculo del general Greene, el comandante del Cuerpo de Marina, que tomó una tribuna de la Legión Americana para decirle al país que la guerra de Viet Nam es más importante que las destructoras turbulencias de las ciudades americanas, es la última y la más grotesca de las distorsiones del papel tradicional de los militares en la vida americana.

'Dos días antes, el representante de la Marina en la Junta de Jefes de Estado Mayor emergió de una comparecencia a puerta cerrada ante el Subcomité senatorial de Investigaciones de Preparaciones para reclamar el bombardeo de otras

---

[4] "Generals Out of Control", editorial, *The New York Times*, New York, september Ist., 1967.

[5] Me he esforzado en hacer una traducción cuidadosa, pero de todos modos ofrezco el texto original, en inglés, en un apéndice al final de este trabajo. JB.

cuatro bases de (aviones) MIG en Viet Nam del Norte. En la propia comparecencia la declaración del general Greene criticó como una ayuda a Hanoi la lentitud del Gobierno en aprobar una lista aumentada de blancos para los bombardeos.

'El Jefe de Estado Mayor del Ejército General Johnson se unió a la insurrección al reclamar el bombardeo del puerto de Haiphong y otros puntos fuera de límite en Viet Nam del Norte. El estuvo en desacuerdo con su jefe civil, el Secretario McNamara, quien le dijo al Subcomité que esos bombardeos no impedirían las operaciones de guerra de Hanoi en el Sur, sino que podrían ser costosas en bajas americanas e implicarían grave peligro de conflictos con Rusia y China.

'Antes aún, un tercer miembro de la Junta de Jefes (del Estado Mayor), el general McCornell, de la Fuerza Aérea, le dijo al Subcomité que sin el bombardeo se necesitarían 800.000 soldados más en Viet Nam del Sur. La naturaleza imaginaria de esas "estadísticas" quedó claramente revelada en los estimados oficiales de (el servicio de) inteligencia que entregó el Sr. McNamara la semana pasada. Ellos demuestran que el volumen de los suministros de guerra procedentes de Nord Viet Nam que van a Viet Nam del Sur está "significativamente por debajo de 100 toneladas al día, cantidad que podría ser transportada en unos pocos camiones".

'Sin embargo, el presidente Johnson, con su antena dirigida más a las elecciones de 1968 que a cualesquiera expansiones del frente de batalla, estaba evidentemente tan preocupado con las comparecencias ante el Subcomité que se rindió ante los militares antes de que comenzaran las sesiones (del Subcomité). El primero de los deponentes —el almirante Sharp, comandante del Pacífico, quien también había manifestado su deseo de más bombardeos (sobre Viet Nam del Norte)— llevó (al Subcomité) la promesa del presidente de que otro grupo de blancos para bombardeos había sido puesto fuera de la lista de los prohibidos. La capitulación del presidente no evitó que el Subcomité insistiera ayer en un mayor aumento de los bombardeos para clausurar el puerto de Haiphong y para golpear otros blancos, aun si eso significa guerra con China.

'Esta no ha sido la primera rendición del gobierno a la presión militar. La campaña pública llevada a cabo por el general Westmoreland en la primavera pasada en pos de más tropas de infantería produjo su viaje a los Estados Unidos, su controvertido ataque a los que no estaban de acuerdo con él y a negociaciones abiertas con el presidente que terminaron con el anuncio del mes pasado de que 45.000 soldados más serían enviados a Viet Nam.

'Después de dos años y medio de escalamiento en Viet Nam, de un aumento (de tropas) a 500.000 soldados y un nivel de bombardeo superior al de Europa en la guerra mundial segunda, la situación militar en Viet Nam del Sur no es hoy mejor que cuando comenzó la entrada de americanos en combate directo. El escalamiento americano ha sido respondido por los comunistas y la contienda ha sido llevada a un nivel más alto de lucha, bajas y destrucción.

'Inmediatamente, la responsabilidad por este trágico error de cálculo corresponde al presidente más que a ninguna otra persona. Los líderes militares que le aconsejaron (el escalamiento) —y que han fallado lastimosamente en producir algunos dividendos militares para esta colosal inversión— son ahora los principales oponentes de otro receso en los bombardeos, un paso indispensable para abrir negociaciones con Hanoi para una solución política.

'Los chispazos del debate en el Congreso sobre la resolución del Golfo de Tonkin han hecho hincapié en el socavamiento de los requisitos constitucionales para (asegurar) el control legislativo sobre el poder para hacer la guerra.

Ahora está tomando cuerpo un socavamiento similar en el balance constitucional que supuestamente coloca a los militares bajo la dirección civil. Las afirmaciones del senador Mansfield de que es el Secretario McNamara quien realmente habla en nombre del gobierno están pobremente respaldadas por los hechos. Sólo el señor Johnson puede ejercer las prerrogativas presidenciales que le acuerda la Constitución y restaurar el control civil sobre la política nacional".

En las últimas palabras de ese editorial del *New York Times* está la clave de la confusión del editorialista. Ya no hay una política nacional de los Estados Unidos para el país y para el resto del mundo. Hay dos políticas, o mejor dicho, dos esferas distintas de poder, una para el país y otra para el extranjero, una doméstica y otra internacional. El presidente Johnson tiene el control de la política doméstica, pero a cambio de que deje el control de la internacional al pentagonismo. Por eso tiene que capitular —como dice el *New York Times*— ante los militares. El presidente Johnson, y cualquier otro presidente que se hallara en su lugar, así como el que le suceda, no podría ejercer el poder sobre la política interior norteamericana si se opusiera al pentagonismo en la política exterior. Los poderes para dirigir ésta han pasado al pentagonismo. Por eso "el balance constitucional que supuestamente coloca a los militares bajo la dirección civil" no funciona ya en los Estados Unidos.

La historia de los acontecimientos de Viet Nam ha sido hecha aquí con ciertos detalles, pero muy sucintamente, sólo para que los métodos del pentagonismo sean conocidos en la América Latina. Esta importante región del mundo estuvo durante más de un siglo padeciendo las agresiones del imperialismo, y al quedar éste sustituido por el pentagonismo, pasó ser un objetivo de primera categoría para ese engendro del capital sobredesarrollado. La República Dominicana, por ejemplo, fue sometida a los métodos que se habían practicado en Viet Nam. El pequeño país antillano fue Viet Namizado. Pero a su vez Viet Nam fue dominicanizado, porque en Viet Nam se aplicaron experiencias obtenidas en Santo Domingo. A tal extremo es esto verdad que se nombró embajador en Saigón al señor Elsworth Bunker, sólo porque a juicio del pentagonismo había tenido un éxito resonante en la República Dominicana[6]. Cada vez que el gobierno del coronel Caamaño se negaba a aceptar un punto de las negociaciones con los Estados Unidos que supuestamente eran llevados por la OEA, la capital dominicana era sometida a un ataque. Lo que se buscaba no era "llevar al coronel Caamaño a la mesa de negociaciones", puesto que ya se estaba negociando; lo que se buscaba era llevarlo a aceptar los términos pentagonistas. La menor resistencia en aceptar esos términos costaba vidas dominicanas, como después las negativas de Ho Chi Minh a negociar costaría vidas en Hanoi, en Haiphong y en otras ciudades de Viet Nam del Norte. Se trata de las negociaciones entre el león suelto y el mono amarrado, que de todos modos no conducen a nada para el país agredido por el pentagonismo. Por ejemplo, el punto clave de los acuerdos de Santo Domingo, que era la reintegración de los militares constitucionalistas, no se cumplió, y ni la OEA ni los Estados Unidos se han preocupado por eso.

---

[6] En una visita que me hizo el embajador Bunker en la primera semana de julio de 1966, mientras yo estaba en Santo Domingo, le dije que él no tardaría en ser enviado a Viet Nam como sucesor de Cabot Lodge. Desde el año anterior (1965) yo estaba elaborando la tesis de este trabajo —que expuse al escritor uruguayo Hiber Conteris, quien publicó su meollo en la revista *Marcha*, de Montevideo, a fines de 1965— y presumía que el pentagonismo usaría en Viet Nam las experiencias adquiridas por el Sr. Bunker en el caso dominicano. En esta ocasión acompañaban al embajador Bunker dos funcionarios del Departamento de Estado, que se sonrieron al oírme. Uno de ellos se llama Harry Shlaudeman.

En Santo Domingo se desató el terror "anticomunista" que se había aplicado en Viet Nam del Sur en los tiempos de Diem. En los días que siguieron a la intervención pentagonista en Santo Domingo se descubrió un cementerio de víctimas de ese terror. Según un estimado conservador, las matanzas de la parte norte de la capital dominicana, ocurridas en el mes de mayo, alcanzaron a unas 2.000. A esas matanzas se les llamó "operación limpieza", hecha, al parecer, con autorización de la OEA, por tropas dominicanas bajo dirección norteamericana. Nunca se le dio publicidad a la ola de crímenes que se extendió por todo el país después de haber terminado la negociación entre el gobierno del coronel Caamaño y la OEA, esto es, inmediatamente después que se estableció el gobierno provisional encabezado por el Dr. García Godoy. Esa ola de sangre seguía azotando el pequeño país antillano en agosto de 1967.

Aniquilados por ella han caído en la República Dominicana oficiales, clases y soldados constitucionalistas y muchos han tenido que huir al extranjero; han desaparecido o han sido asesinados líderes de los partidos que defendieron la constitucionalidad; se volaron empresas privadas de partidarios o simpatizantes del constitucionalismo, como los talleres de la revista —*¡Ahora!*— y la ferretería de Guerra Hermanos; centenares y centenares de hombres han sido brutalmente golpeados, heridos, torturados; en el mes de mayo de 1967 fue quemado con una granada de fósforo vivo un senador del Partido Revolucionario Dominicano que había sido constitucionalista ferviente[7].

---

[7] Se trata del senador por la provincia de Pedernales, Pablo Casimiro Castro. Las quemaduras fueron tan graves que el senador Casimiro Castro fue dado de alta a fines de agosto (1967). Dos miembros de su partido que le acompañaban fueron también quemados. El crimen fue parte de la campaña de terror organizada para liquidar físicamente a los constitucionalistas, a quienes se acusa, como debía esperarse, de ser comunistas.

De todos esos crímenes, ninguno, sin embargo, fue planeado con tanta maldad como el ataque al Matum. El Matum es un hotel que está en las afueras de la ciudad de Santiago de los Caballeros, la segunda en importancia de la República Dominicana. El día 19 de diciembre (1965) el coronel Caamaño, acompañado por la plana mayor de la oficialidad constitucionalista, visitó Santiago para rendir homenaje a la memoria de un héroe de la lucha, el coronel Rafael Fernández Domínguez —el verdadero iniciador del movimiento— que estaba enterrado en esa ciudad. Fernández Domínguez había sido muerto por las fuerzas norteamericanas el 19 de mayo. Con motivo de la visita de los oficiales constitucionalistas se reunieron en el Matum varios cientos de personas, mujeres y niños entre ellos. Cuando todos estaban sentados a la mesa del comedor tomando el desayuno, comenzó un ataque al hotel con fusiles automáticos, ametralladoras de emplazamiento —calibre .50— y tanques pesados.

La batalla del Matum duró seis horas, y si no hubo allí una matanza salvaje se debió a la fabulosa sangre fría y la superior capacidad militar de los oficiales constitucionalistas, que tuvieron sólo dos muertos —uno de ellos el coronel Juan Lora Fernández, un militar de excepción— y dos heridos. Las bajas de los atacantes llegaron a 98 entre muertos y heridos.

El asalto al Matum se planeó como un crimen masivo y sin duda en todo el Continente no se ha organizado nada similar después que terminaron las matanzas de indios del siglo pasado en los Estados Unidos. Sin embargo, la noticia se falseó en forma escandalosa. En un cable de la AP se dijo que el ataque comenzó cuando los constitucionalistas emplazaron en el techo del Matum una ametralladora calibre .50, lo que era físicamente imposible; en otros despachos se dijo que los oficiales constitucionalistas habían atropellado a algunos policías, y que estos, en represalia, atacaron el Matum. La verdad es que la fracasada "operación Matum" se planeó con tiempo —pues se sabía públicamente que los jefes constitucionalistas visitarían la ciudad de Santiago en esa fecha— y su finalidad era liquidar de un solo golpe el liderazgo militar y civil de la revolución. La "operación Matum" fue la copia antillana de las muchas que se realizan constantemente en Viet Nam para liquidar focos del Vietcong.

Ahora bien, lo que el pentagonismo aprendió en Viet Nam y mejoró en la República Dominicana, y lo que aprendió en la República Dominicana y mejoró en Viet Nam, va a ser puesto en práctica en otros países de la América Latina, sobre todo en aquellos donde haya movimientos guerrilleros.

Una de las mejorías de los métodos usados en Viet Nam y refinados en Santo Domingo consiste en que los crímenes políticos —los asesinatos de reales o supuestos comunistas— no se achaquen al gobierno; que los cometan grupos seleccionados de militares o policías y que el presidente proteste públicamente de esos crímenes y dé a entender en alguna forma que no puede perseguir a los autores; así el terror se difunde porque el pueblo se siente indefenso y al mismo tiempo el gobierno no resulta culpable. Esto estaba practicándose en Guatemala —y repitiéndose en la propia República Dominicana— en el 1967. Otros de los recursos pentagonistas es la celebración de "elecciones"; y a los gobiernos "elegidos" se les somete —como en Viet Nam, la República Dominicana y Guatemala— a un pentagonismo indígena y por tanto subdesarrollado.

Esto requiere una explicación.

El pentagonismo ha establecido en los Estados Unidos una esquizofrenia gubernamental, un poder doble; el del gobierno civil y el del pentagonismo. Las fuerzas armadas norteamericanas obedecen a este último. Las fuerzas armadas latinoamericanas —con excepciones muy contadas— obedecerán también al poder pentagonista, no a sus gobiernos nacionales. Ahora bien, los ejércitos de los Estados Unidos no tienen ninguna actividad de guerra dentro de los Estados Unidos; su campo de acción está fuera de su país, y por tradición —y porque eso es lo que deja beneficios al pentagonismo— seguirán actuando en el exterior por lo menos hasta el momento en que una gran derrota afuera los obligue a tomar el poder en su propio país. El caso de los ejércitos latinoamericanos es el opuesto. Su actividad militar no es externa; sus hombres no combaten fuera de sus países. Por tradición —y porque su fuente de beneficios ha sido siempre el país propio— los soldados latinoamericanos están preparados únicamente para ser los ocupantes militares de sus países. Esto es lo que les halaga, esto es lo que les gusta. Al colocarlos en el plano de obedecer órdenes del pentagonismo y no de sus gobiernos nacionales, se les estimula en lo que es su inclinación hacia el atropello de su propio pueblo; en consecuencia, esos ejércitos establecerán la esquizofrenia pentagonista, pero no en la esfera internacional, sino en el orden doméstico de cada país latinoamericano. El resultado será, desde luego, una precipitación en tiempo y en intensidad, de la poderosa corriente revolucionaría que agita a la América Latina.

Por otra parte, el pentagonismo indígena subdesarrollado que ya está comenzando a funcionar en los países latinoamericanos ayudará a intensificar el descrédito galopante en que ha caído la democracia en la región. En poco tiempo más la palabra democracia será en Iberoamérica sinónimo de crímenes, robo, brutalidad y persecución. Ya hay países latinoamericanos donde los que ejercen el terror se llaman a sí mismos demócratas y llaman comunistas a todos los que repudian sus salvajadas, así se trate de sacerdotes católicos.

La República Dominicana, el primero de los países de la América Latina que cayó bajo el poder pentagonista, es uno de ellos.

El pentagonismo hacia el poder total

El día 7 de noviembre (1967), *The Times* de Londres publicaba en su página 6, columna 6, un cable de su corresponsal en Washington que el diario inglés tituló así: "El Pentágono ayuda a la Gran Sociedad".

El establecimiento de la llamada "Great Society" y fue, como se sabe, uno de los puntos más importantes del programa que presentó al electorado norteamericano el Sr. Johnson en su campaña presidencial de 1964. Al quedar instalado el pentagonismo como poder dominante en la esfera de la política exterior, se produjo la intensificación de la guerra de Viet Nam. Esto sucedía a comienzos de 1965. En esa oportunidad comentaristas tan autorizados como Walter Lippmann —y varios más— opinaron que sería imposible atender al mismo tiempo dos frentes distintos e igualmente costosos, uno militar en el Sudeste de Asia y uno civil en los Estados Unidos. Dos años y medio después, sólo gente muy osada podía negar que esos críticos tuvieron toda la razón. La guerra de Viet Nam había hecho naufragar los planes para establecer la Gran Sociedad.

La colonia pentagonista que es Norteamérica ha estado desde 1965 padeciendo serias convulsiones provocadas por lo que podríamos llamar, sin caer en extremismos, la rebelión de los negros. Y una colonia que proporciona al mismo tiempo el dinero y los hombres que requiere el poder pentagonista no es la colonia simple del viejo y ya fenecido imperialismo. La colonia del imperialismo era una posesión generalmente alejada de la metrópoli, poblada por gente de una raza considerada inferior a la del imperio; allí podía ejercerse el poder con una violencia que no era tolerada en la metrópoli. Pero la metropocolonia tiene tradiciones que deben ser respetadas, por lo menos en las apariencias; tradición de juego político, tradición de valores morales y sociales que no pueden ser atropellados en la forma brutal en que eran atropellados en la colonia clásica.

Si los negros de los Estados Unidos que se levantaron en Watts, en Detroit y en otras grandes ciudades norteamericanas hubieran sido habitantes de una colonia típica, sus líderes no existirían ya, miles de sus seguidores estarían muertos y la paz hubiera retornado a la colonia mediante la aniquilación de los sublevados.

En la metropocolonia hay que actuar con cautela para no poner en peligro la estabilidad política. El pentagonismo necesita una colonia en paz, que produzca máquinas de guerra y soldados sin cesar; una colonia que proporcione lo que el pentagonismo pide, y que sea, sobre todas las cosas, una base política firme como una roca. Una fuerza actuante, cuya razón de ser se encuentra en la acción permanente, no puede estar a merced de vaivenes imprevistos en la fuente misma de su vida. El pentagonismo, pues, tiene que preocuparse por la paz interna de los Estados Unidos, por la paz social y política del país, porque si esa paz queda rota , el pentagonismo tendría que restaurarla tal como los viejos imperios restauraban la paz en las colonias. Esa necesidad de paz doméstica es vital para el pentagonismo, a tal punto que si en algún momento el gobierno civil de los Estados Unidos no estuviera en capacidad de garantizar la estabilidad social y política del país, el pentagonismo tendría que sustituirlo.

En los Estados Unidos, sin embargo, dadas las tradiciones que han conformado las ideas y los sentimientos del pueblo, el pentagonismo no podría sustituir al gobierno civil en la esfera doméstica mediante el clásico golpe de Estado que se da en otros países. Esto sólo podría hacerse en el caso de que se produjera una derrota militar norteamericana de carácter decisivo; entonces el pentagonismo no dudaría un instante: para salvarse a sí mismo histórica y físicamente pondría a un lado al gobierno civil y establecería en su lugar una junta militar.

Pero el pentagonismo puede ir sustituyendo gradualmente al gobierno civil; puede ir tomando poco a poco posiciones que corresponden a las autoridades federales; puede planear, y realizar, una política de largo alcance que le permita adueñarse de los mandos efectivos de la vida nacional en él campo de la administración no militar.

El pentagonismo puede hacer eso, sobre todo si dentro de sus cálculos está el de una guerra de larga duración o de grandes costos en dinero y en vidas; por ejemplo, si el pentagonismo piensa atacar a China necesita estar seguro de que mientras él actúa en China el pueblo norteamericano estará firmemente unido tras los militares, proporcionándoles sin la menor interrupción todo el equipo mecánico y humano que el pentagonismo reclamará, no importa cuál sea la duración del conflicto. Y para que esto sea así no debe haber sectores de la sociedad metropocolonial que tengan motivos para romper esa unidad con protestas y rebeliones.

Ahora bien, en los círculos oficiales de los Estados Unidos se ha pensado que la rebelión negra tiene una causa, que es el estado de miseria general en que viven los negros norteamericanos. Se dice que la Gran Sociedad fue una idea propuesta para acabar con esa situación de miseria y que el hecho de no haber podido llevar a cabo los planes para establecer la Gran Sociedad ha provocado las rebeliones negras.

Este es un razonamiento simplista puesto que lo que podemos calificar, sin exagerar, como la insurrección de Watts —que, como sabe todo el mundo, fue la primera manifestación violenta y masiva de la rebelión negra—, sucedió unos nueve meses después de haber sido reelegido el presidente Johnson, lo que equivale a decir pocos meses después de haber éste propuesto la Gran Sociedad, cosa que hizo durante la campaña electoral. Cuando se levantaron los negros de Watts, no había pasado el tiempo necesario ni siquiera para elaborar los planes de la Gran Sociedad, ni siquiera el tiempo indispensable para que los negros se sintieran estafados.

Pero sea o no sea simplista ese razonamiento, el caso es que la rebeldía negra se atribuye a la incapacidad del gobierno de Johnson para establecer la "Great Society". Como los críticos de Johnson advirtieron a tiempo que no podrían llevarse a cabo a la vez la guerra de Viet Nam y los planes para la Gran Sociedad, se piensa que las sublevaciones negras son un efecto social y político doméstico de la guerra de Viet Nam. En realidad, una cosa no tiene nada que ver con la otra, salvo en su simultaneidad. Las raíces del movimiento negro llamado "Black Power" son lejanas, aunque es probable que en su organización juegue un papel importante la actividad pentagonista, pero no debido a que esa actividad consuma los fondos que debieron ser destinados al establecimiento de la Gran Sociedad. En este problema hay dos factores que deben ser analizados por separado; uno es las razones económicas y sociales de la rebeldía negra, y otro es su organización como poder militante. Ese poder militante apareció al mismo tiempo que se inició el escalamiento de la guerra de Viet Nam; luego, no podía ser resultado de la transferencia hacia los canales pentagonistas, para ser usado en Viet Nam, del dinero destinado a crear la Gran Sociedad. El "Black Power" se organizó —sobre la base de un prolongado estado de injusticia económica y social— como una fuerza destinada a debilitar el poder de agresión militar de los Estados Unidos actuando en la retaguardia de ese poder. Los líderes del "Black Power" debieron darse cuenta, de manera instintiva o por análisis, de que la posibilidad de mejorar la situación de los negros norteamericanos depende en una medida importante de que en el mundo existan poderes revolucionarios independientes, y, además, opuestos a los Estados Unidos no sólo por razones ideológicas sino también por razones de otro tipo. La supervivencia del gobierno comunista de China, un país considerado por los Estados Unidos como "colored"[1], es de importancia decisiva para los negros norteamericanos, puesto que se trata de un gran poder mundial que los ampara y defiende con su sola existencia. Mao es el líder no sólo de China, sino también de los pueblos de color, entre los cuales el más importante, debido a que vive en el seno del pueblo norteamericano, está compuesto por los negros y los mestizos de los Estados Unidos. Algo similar puede decirse de la supervivencia del gobierno cubano de Fidel Castro. El "Black Power" no es una mera rebelión social, aunque ese aspecto es un ingrediente importante en el movimiento negro —y tal vez el que le comunica su potencia interior—; es un movimiento político provocado, en lo que se refiere a su organización y militancia, por la política internacional de los Estados Unidos, lo que equivale a decir por las actividades del pentagonismo. Era de esperar, pues, que el pentagonismo reaccionara ante ese movimiento, y dadas las tradiciones norteamericanas, era de esperar que sus primeras actuaciones en ese camino fueran las que anunció el Secretario McNamara.

---

[1] "Colored" es la palabra con que se designa en los países de habla inglesa a los pueblos que no pertenecen a la raza blanca. Es una palabra despectiva y con ella se igualan negros, amarillos, indios y mestizos de todas las razas.

En el cable publicado por *The Times* se informaba que el día 7 de noviembre el Secretario McNamara anunciaría que su departamento había decidido contribuir a la solución de los problemas sociales del país mediante el uso de lo que el corresponsal llamaba, con razón, "el enorme poder y (los enormes) recursos" de ese departamento. El señor McNamara, según el corresponsal del bien informado diario inglés, iba a dar los detalles de tres programas destinados a ese fin.

Copiamos de *The Times*:

"El primero (de los tres programas) es la reciente orden del Pentágono que prohíbe a todos los militares comprar o alquilar casas cuyos dueños practiquen la discriminación racial. Esta política, que se puso en vigor por primera vez en el área que rodea a Washington, ha sido ahora llevada a California y será gradualmente extendida a otros Estados".

"El segundo —'Proyecto 100.000'— proporciona (rá) educación intensiva a jóvenes pobres que no puedan hacer el servicio militar porque están por debajo de los niveles mínimos que (exige) el Ejército".

"Finalmente, —el 'Proyecto Transición'— es un programa voluntario para dar educación y empleo a los que son dados de baja".

Volveremos sobre el cable, pero por el momento hay que hacer algunas preguntas.

¿Por qué le sobran al Pentágono fondos, y porqué esos fondos sobrantes van a ser usados en actividades que competen a la administración civil? Si el Pentágono tiene autoridad para prohibir a todos los militares comprar o alquilar casas cuyos dueños practiquen la discriminación racial, ¿no la tiene también para prohibirles que compren o alquilen a los que no se dedican a esa discriminación, o para prohibirles que compren en tiendas de judíos o simplemente en comercios que estén situados en la acera opuesta a la salida del sol? ¿Quién tiene en el Pentágono la capacidad legal indispensable para determinar cuándo un propietario ejerce o no ejerce la discriminación racial? ¿Dónde reclutará el Pentágono a los maestros que se necesitan para dar educación a 100.000 jóvenes; en las filas militares o en la población no militar? Y si el reclutamiento se hace entre maestros no militares, ¿a qué autoridad obedecerán los reclutados; a la del Pentágono o a la del departamento de Educación? ¿Quién determinará las condiciones que deberán reunir esos maestros, su ideología política y su conducta? ¿Quién va a administrar, y bajo qué normas y disciplina, el "Proyecto Transición"? ¿Qué clase de empleos se les porporcionará a los militares dados de baja? ¿Será en las industrias de guerra o en los servicios de otro tipo del aparato pentagonista? Una vez empleados, ¿qué nexos tendrán esos hombres con el poder militar?

Es de pensar que esas preguntas han sido hechas y respondidas en el seno del Pentágono, pues una organización que tiene un poder económico, social y político tan fabuloso no se lanzaría a invadir el campo de las actividades que corresponden al gobierno civil si antes no supiera con claridad qué obstáculos puede hallar en su camino. La decisión anunciada por el señor McNamara envuelve al pentagonismo en asuntos de política doméstica, que pueden tener consecuencias calamitosas, y por esa razón debemos admitir que la decisión no se limita a un simple proyecto de relaciones públicas destinado a mejorar la imagen del Pentágono a los ojos del pueblo norteamericano.

Es probable que al elaborar los programas a que se refiere el corresponsal de *The Times*, el Pentágono haya sido impulsado por consideraciones de preservación, y que en el plan no haya propósitos ulteriores. Pero los que conocen la dinámica del poder saben que cuando una maquinaria de poder invade un campo que le es ajeno, ese campo quedará bajo su dominio y al cabo de cierto tiempo será una base desde la cual la maquinaria de poder avanzará inexorablemente, a una velocidad proporcional a su poderío, hasta que conquiste todo el terreno que se halla en la periferia de ese campo. Así, pues, debemos esperar que al decidirse a participar en el establecimiento de la Gran Sociedad, el pentagonismo pasará a extender su autoridad hacia terrenos que hoy son de la competencia civil, y que en un tiempo relativamente corto tendrá a su cargo una parte importante de la esfera del poder doméstico. Eso significaría que del control de la política exterior del país, el pentagonismo pasaría gradualmente al control de la política interior, lo que en fin de cuentas se resume diciendo que el pentagonismo marcha hacia la conquista del poder total en los Estados Unidos.

Los últimos párrafos del cable de *The Times* de Londres apuntan hacia esa dirección. Esos párrafos son los siguientes:

"Los problemas del ghetto, (del) control del tránsito y del desarrollo futuro (sic) de las ciudades están siendo computados por científicos de la Research and Development (Rand) Corporation en Santa Mónica, California. Con financiamientos exuberantes de la Fuerza Aérea, la Rand Corporation ha dedicado tradicionalmente sus energías a una investigación libre de las políticas de la era nuclear y a asegurar que los armamentos americanos sean los mejores calculados para descorazonar a un agresor".

En todos los círculos científicos, militares y gubernamentales de los Estados Unidos se sabe que la Rand Corporation es una organización altamente especializada que trabaja para el Pentágono. Tal como dice el corresponsal de *The Times*, está lujosamente financiada por la Fuerza Aérea. Hay grupos de elevadísimo nivel político y de otro tipo que consideran que la Rand Corporation es la flor y nata del pensamiento científico-militar de los Estados Unidos. Esa puede ser una apreciación exagerada, pero es la imagen que se tiene de la Rand Corporation.

Pues bien, al poner en manos de la Rand Corporation tareas que corresponden a la actividad del gobierno civil, ¿no se estará dando un paso inicial, muy discreto por cierto, en el camino de suplantar al gobierno civil?

La respuesta a esa pregunta debe ser dada por los hombres y las mujeres de los Estados Unidos que sean en verdad intelectual y moralmente responsables del futuro de su país; no por los que tienen responsabilidad oficial, porque a estos les resultará muy difícil, si no imposible, liberarse del círculo de hierro con que el poder aprisiona a sus servidores.

Sin duda el pentagonismo es una amenaza para todos los pueblos del mundo debido a que es una máquina de guerra que necesita la guerra en la misma forma en que los seres vivos necesitan aire y alimento para no perecer. Pero la amenaza no es menor para todos los norteamericanos. Si el poder del pentagonismo sigue extendiéndose y entra a dominar la esfera del poder civil dentro de los Estados Unidos, el país en conjunto —y no sólo los políticos y los militares— acabará provocando la ira del mundo contra él. Y no hay que engañarse: el arma más poderosa con que puede contar una nación, sea a su favor o sea en su contra, no es la bomba "H" ni el anticohete orbital; es la opinión pública mundial. El pentagonismo podrá tener de su lado el interés de los que acumulan poder y dinero, pero no tendrá de su lado a los que aspiran al reino de la justicia sobre la Tierra.

La simple palabra de Jesús acabó siendo más poderosa que las arrogantes legiones de Roma.

APÉNDICE AL PREFACIO[*]

La guerra y sus efectos

Hoy, señor Presidente, reasumo mis comentarios sobre la guerra vietnamita y sus amplios efectos. En la primera mitad de mi discurso cuestioné la suposición sobre la cual se basa la política de guerra norteamericana y sugerí lo que a mi parecer son las causas principales para la profunda y creciente división del pueblo norteamericano. Hoy pretendo señalar algunos de los efectos destructivos de la guerra sobre nuestra vida doméstica, la creciente militarización de la economía y de las universidades, la crisis de pobreza y racial, cada día más profunda, y la cuestión del concepto de Norteamérica, sobre sí misma, como un imperio mundial tradicional en lo cual me parece que nos convertimos, o como un ejemplo de la democracia creativa, como tradicionalmente nos hemos considerado.

1 *El complejo militar-industrial-académico*

Mientras jóvenes disidentes ruegan por la resurrección de la promesa norteamericana, sus mayores continúan subvirtiéndola. Como si fuese algo de lo cual sentirse orgulloso, fue anunciado no hace mucho tiempo que la guerra en

---

[*] Discurso del senador J. W. Fulbrigth, presidente del Comité de Relaciones Exteriores del Senado de los Estados Unidos, pronunciado el 13 de diciembre de 1967.

133

Viet Nam ha creado un millón de nuevos empleos en los Estados Unidos. Nuestro país está siendo condicionado al conflicto permanente. Más y más nuestra economía, gobierno y universidades se adaptan a los requisitos de una guerra continua, guerra total, guerra limitada y guerra fría. La lucha contra el militarismo en la cual fuimos involucrados hace 26 años se ha convertido en algo permanente y para poder conducirla nos convertimos en una sociedad militarizada.

No creo que el complejo militar-industrial sea el invento conspiratorio de una banda de "comerciantes de la muerte". Uno casi quisiera que fuese así, ya que las conspiraciones pueden ser expuestas y tratadas. Pero los componentes del nuevo militarismo norteamericano son muy diversos, independientes y complejos para ser el producto de una conspiración dirigida y centralizada. Es más bien el resultado inevitable de la creación de un grande y permanente establecimiento militar, cuyas necesidades han levantado una inmensa y privada industria de defensa vinculada a las fuerzas armadas por un enlace natural de interés común. Como el productor más grande de bienes y servicios en los Estados Unidos, las industrias y los negocios que satisfacen los pedidos militares inyectarán en el año fiscal que viene unos 45 mil millones de dólares a más de 5 mil ciudades y pueblos, donde más de 8 millones de norteamericanos, incluyendo miembros de las fuerzas armadas, lo que constituye el 10 por ciento de la fuerza laboral, se ganarán la vida. Conjuntamente, todas estas industrias y sus empleados obtendrán sus ingresos del presupuesto de defensa de 75 mil millones de dólares, formando una concentración gigante de socialismo en nuestra economía de libre empresa.

Aunque no necesariamente planificado, este complejo se ha convertido en una fuerza política mayor. Es el resultado y no la causa de las intervenciones norteamericanas en todo el mundo, pero, compuesto como está de un gran número de ciudadanos, no millonarios ni "comerciantes de la muerte", sino por buenos y ordinarios ciudadanos norteamericanos cuyas vidas dependen de la producción de defensa, el complejo militar-industrial se ha convertido en una fuerza indirecta para la perpetuación de nuestros compromisos militares globales. Esto no es porque alguien favorece la guerra, sino porque cada uno de nosotros tiene el deseo natural y propio de preservar las fuentes de nuestra subsistencia. Para el que labora en defensa esto significa preservar u obtener pedidos; para el político significa preservar la buena voluntad de sus adherentes ayudándolos a recibir lo que quieren. Cada vez que un nuevo programa, como el "fino" sistema de misiles antibalísticos propuesto por el señor McNamara a un costo de 5 mil millones de dólares, es introducido, una nueva agrupación de seguidores es creada, un grupo de personas que dará pasos firmes y seguros para proteger al nuevo programa y, en el caso del ABM, convertir al "fino" sistema en uno "grueso". El proceso de la creación de esta agrupación de seguidores es también llevada a cabo por la perspicacia de los funcionarios de Defensa y los contratantes en la ubicación de instalaciones y plantas en los distintos distritos de muchos miembros claves del Congreso.

En esta forma natural, generales, industriales, negociantes, obreros y políticos se han unido en un complejo militar-industrial, un complejo que, a pesar de la inadvertencia de su creación y las intenciones inocentes de sus participantes, se ha convertido, no obstante, en una nueva fuerza poderosa para la perpetuación de compromisos militares en el exterior, para la introducción y expansión de costosos sistemas militares, y, como resultado de eso, para la militarización de amplios segmentos de la vida nacional. La mayoría de los grupos de interés son contrarrestados por otros grupos de interés, pero aún así el complejo militar sigue siendo mucho más grande que cualquier otro, hasta el punto de que no tiene realmente un contrapeso efectivo, con la excepción de la manifestación de preocupación de parte de algunos de nuestros ciudadanos y unos cuantos de nuestros líderes.

Las universidades habrían podido formar ese importante contrapeso efectivo al complejo militar-industrial por vía del fortalecimiento de su énfasis sobre los valores tradicionales de nuestra democracia, pero muchas de las universidades han optado por unirse al gran monolito, dándole más poder e influencia. Aunque resulte decepcionante, la adherencia de los profesores no es sorprendente. No menos que negociantes, obreros y políticos, los profesores también gustan del dinero y la influencia. Habiendo sido tradicionalmente privados de ambas cosas, le han dado la bienvenida a los contratos y las consultas ofrecidos por el establecimiento militar. La gran mayoría de los profesores norteamericanos todavía siguen dando clases a sus estudiantes y participando en investigaciones escolares, pero algunos de los más famosos de nuestras academias han dejado de lado estas actividades para así servir a su gobierno, especialmente en aquellas áreas que se ocupan primordialmente de la guerra.

Los lazos existentes entre el gobierno y las universidades no son más que el resultado de una conspiración que lo que igualmente existe entre el gobierno y el sector privado industrial. Son arreglos de conveniencia que proveen al gobierno con conocimientos políticamente útiles y a las universidades con recursos económicos muy necesitados. La mayoría de estos fondos terminan en las grandes instituciones que los necesitan menos que las academias pequeñas y menos conocidas, pero que en términos generales contribuyen a la alta enseñanza, aunque sea una contribución adquirida a un alto precio.

Ese alto precio es la rendición de la independencia la negligencia de la enseñanza, y la distorsión de la academia. Una universidad que se ha acostumbrado al ingreso de fondos contractuales del gobierno muy probablemente le dará mayor énfasis a las actividades que atraen dichos recursos. Estas, lamentablemente, no incluyen la impartición de docencia y el tipo de escolaridad que, aunque contribuye a la suma de conocimientos humanos y al conocimiento propio del hombre, no es rentable al Departamento de Defensa o a la CIA. Como Clark Kerr, ex-presidente de la Universidad de California, lo expresó:

"El problema real no es de control federal, sino de influencia federal. Una agencia federal ofrece el proyecto. La universidad no tiene que aceptarlo, pero como asunto práctico, normalmente lo hacen... De esta realidad han seguido muchas de las consecuencias de la ayuda federal para las universidades; y han sido substanciales. El hecho de que son sutiles, lentamente acumulativos y caballerosos las hacen más potentes todavía"[1].

Según lo escuchado, el proceso de la adquisición de contratos gubernamentales no es siempre pasivo y caballeroso. "Una de las escenas más sombrías de la alta educación norteamericana", escribe Robert M. Rosenzweig, Decano Asociado de la División de Graduados de Stanford University, "es la de administradores universitarios ocupándose de obtener contratos para trabajar que no surgen de la investigación escolar ni de los intereses académicos de su respectiva facultad. El resultado de esta empresa desagradable de seguro será el de una facultad obligada o seducida por intereses secundarios, o un esfuerzo frenético por asegurar que personas fuera de la facultad cumplan con las obligaciones contractuales. Entre los aspectos confusos de tales arreglos está el hecho de que las agencias gubernamentales los hayan permitido y hasta

---

[1] Clark Kerr, "The Uses of the University" (Cambridge; Harvard University Press, 1964), pp.57-58.

incentivado. No sólo son dañinos para las universidades, lo cual no es, claro está, la preocupación principal del Gobierno, sino también aseguran que el Gobierno no recibirá lo que supuestamente está comprando; es decir, los recursos intelectuales y técnicos de la comunidad académica. Es simplemente un mal arreglo para todos"[2].

Comentando sobre estas tendencias, un estudio especial sobre el gobierno, las universidades y asuntos internacionales preparado por la Comisión del Consejo norteamericano para Asuntos Internacionales, Educativos y Culturales, señala que "el entusiasmo de administraciones universitarias para realizar proyectos estilizados y financiados por el Gobierno ha causado una declinación en sus propios compromisos con los objetivos escolares, ha producido un efecto negativo en la misión académica de nuestras universidades y finalmente ha provocado quejas amargas de parte de los clientes decepcionados..."[3].

Entre los efectos del sistema de contratos gobierno-universidad los más dañinos y corrompidos son los de la negligencia del objetivo más importante de la universidad, la educación de sus alumnos, y la incorporación al campo gubernamental de académicos, especialmente los de ciencias sociales, quienes deberían actuar como responsables e independientes críticos de las políticas de su gobierno. El proceso de corrupción es muy sutil: nadie necesita censurar, amenazar u ordenar para contratar académicos; sin una palabra de advertencia o

---

[2] Citado en: Water Adams y Adrian Jaffe, "Government, The Universities, and International Affairs: A Crisis in Identity", informe especial preparado por la Comisión de Asesores de Estados Unidos sobre Educación Internacional y Asuntos Culturales, 90 Congreso, Primera Sesión, Documento de Cámara de Representantes Nº 120, Washington, U. S. Government Printing Office, 1967, pp.5-6.

[3] *Ibid.*, p.6.

consejo, es simplemente un hecho entendido que contratos lucrativos son premios no a los que cuestionan las políticas de su gobierno, sino a los que proveen al gobierno con las herramientas y técnicas que desea. El efecto, en las palabras del estudio entregado a la Comisión del Consejo sobre Educación Internacional, es sugerir la posibilidad a un mundo —nunca adverso al prejuicio— de que la honestidad académica no es menos mercadeable que una caja de detergente en el supermercado"[4].

La formación de un complejo militar-industrial, con todas sus consecuencias, es el resultado de un gran número de personas que participa en actividades comerciales más o menos normales. La adherencia de las universidades, aunque no sea el resultado de un plan o conspiración, involucra algo más: la negligencia y, si es llevado lo suficientemente lejos, la traición a la razón fundamental para la existencia de la universidad, el avance de la búsqueda del hombre por la verdad y felicidad. Es para este propósito, y sólo este propósito, que las universidades reciben —y deben recibir— el apoyo de la comunidad en forma de donaciones, préstamos y exenciones de impuestos. Cuando la universidad deja de lado su propósito central y se hace una parte del gobierno, preocupándose por técnicas en vez de propósitos, por expedientes en vez de ideales, dispensando convencionalismos ortodoxos en lugar de nuevas ideas, entonces no sólo deja de cumplir con la responsabilidad frente a sus alumnos; traiciona la confianza pública.

Esta traición se siente más por los estudiantes, en parte porque son ellos quienes se encuentran negados de los servicios de aquellos que deberían ser sus profesores; son ellos los receptores de conocimientos puros adquiridos en cavernícolas

---

[4] *Ibid.*, p.8.

salones de lectura; son ellos quienes deben esperar hasta semanas para ser recibidos y atendidos por eminencias, el tiempo ocupado por largos viajes y las investigaciones relacionadas con los contratos gubernamentales.

Por todas estas razones los estudiantes se sienten traicionados, pero es dudoso que alguna de éstas sea la causa básica de las insurrecciones que se han levantado en tantas universidades. Parece ser más probable que la causa básica de los disturbios en nuestras universidades sea el descubrimiento de corrupción en el único lugar, quizás aparte de la iglesia, donde supuestamente se encontrarían inmunizados contra las corrupciones de nuestra época. Al ver los valores tradicionales de su patria degradados en un esfuerzo por atribuirle propósito moral a una guerra inmoral, al ver los líderes de su país atrapados por inconsistencias que después son denominadas como "una brecha de credibilidad", los estudiantes ahora ven a sus universidades —las últimas ciudadelas de la integridad moral e intelectual— entregándose afines ulteriores y expeditivos y traicionando su propósito fundamental, que, en las palabras de James Bryce, es "reflejar el espíritu de los tiempos sin rendirse a él".

2 *Pobreza en Norte América*

Los estudiantes no son los únicos rencorosos en Norteamérica, ni los únicos con causa para sentirse así. También está el rencor del pobre norteamericano, blanco y negro, rural y urbano. Estos son los hijos desposados de la sociedad afluente, 32 millones de norteamericanos cuyas esperanzas fueron brevemente levantadas por la proclamación de una "guerra contra la pobreza", para después ser sacrificados frente a los requisitos de la guerra contra el comunismo asiático, o, para ser más precisos, frente a la preocupación ejecutiva y la parsimonia congresional inducidas por aquella guerra.

Por nuestra preocupación con guerras y crisis extranjeras apenas nos hemos dado cuenta de la revolución provocada por cambios sin dirección aquí en casa. Desde la Segunda Guerra Mundial nuestra población ha crecido en 59 millones, una migración masiva ha atestado más del 70 por ciento de nuestra población sobre poco más del uno por ciento de nuestra tierra; grandes números de negros rurales del sur han llenado los barrios marginales de ciudades norteñas mientras familias blancas y afluentes han huido a nuevos suburbios sin forma, dejando las ciudades físicamente deterioradas y financieramente destruidas, y creando una nueva y socialmente destructiva forma de aislamiento racial con una pobreza degradante. La pobreza, que es una tragedia en un país pobre, mancha nuestra sociedad con algo más que una tragedia; siendo innecesaria, es intensamente inmoral también.

Aunque es distinta en causa y carácter, la insurrección negra es también buena parte de la crisis más general de la pobreza norteamericana, y es poco probable que la justicia social para los negros sea lograda, al menos que sea parte de un programa global y amplio de educación, construcción de viviendas y empleo para todos nuestros pobres, ya que de la gran "clase baja" los negros constituyen sólo una cuarta o tercera parte. Es esencial que el problema de la pobreza sea tratado como un total, no sólo porque las necesidades materiales de los blancos y los negros son iguales —escuelas mejores, hogares mejores y oportunidades de empleo mejores— sino porque aliviar la pobreza en general es también la mejor forma de aliviar la hostilidad racial. No son los educados ni los pudientes quienes se llevan el contragolpe, sino los pobres blancos, quienes ven el movimiento de derechos para los negros como una amenaza a sus empleos y sus hogares y —probablemente lo más importante— una amenaza a su magro sentido de estado social.

No hay nada edificante sobre la pobreza. Es degradante tanto moralmente como físicamente. No hace de los hombres hermanos. Los hace competir por empleos, hogares y estado. Deja su marca en un hombre y no es una marca atractiva. La pobreza aprieta y distorsiona, condenando a sus víctimas a una lucha ansiosa y sin fin para captar necesidades físicas. Esa lucha, en su turno, le roba al hombre sus capacidades distintamente humanas, la capacidad de pensar y crear, la capacidad de buscar y apreciar el significado de cosas, la capacidad de sentir compasión y amabilidad hacia su vecino.

Para poder superar y solucionar el problema de la pobreza y sus productos secundarios malignos, tendremos que tratarlos como algo humano en vez de algo racial o regional. Por razones prácticas, así como también morales, tendremos que tener compasión para aquellas personas un poco por encima del fondo y aquellas que se encuentran en el mismo fondo. Tendremos que entender no sólo al granjero blanco, sino también al trabajador negro, no sólo al inmigrante trabajador urbano blanco, sino también al morador barrial negro. Hasta nos beneficiaría adquirir algunos conocimientos —no asentimiento, sólo conocimiento— sobre el grupo de cada uno y sus prejuicios regionales. Si la crisis racial de años recientes ha demostrado algo, es que ninguno de nosotros, norteño o sureño, tiene mucho de lo cual sentirse orgulloso, que nuestros fracasos han sido fracasos nacionales, que nuestros problemas son problemas de una sociedad entera, por lo tanto, así también deben ser sus soluciones.

Todos estos problemas —de pobreza y raza, y escuelas— se han enfocado en las grandes ciudades, las cuales rápidamente se van convirtiendo en lugares no aptos para vivir, tanto físicamente como mentalmente y estéticamente.

Ahora en proceso de formación, las ciudades y los suburbios son los productos de una tecnología que crece de forma desenfrenada, sin dirección política efectiva y sin considerar el costo social y económico a largo plazo. Han recibido sus apariencias de inversionistas, constructores y empresarios que buscan, como sólo es de esperar, sus propias ganancias a corto plazo. Los ríos y las bahías son contaminados y el aire se llena de los vapores tóxicos de millones de carros que saturan las calles. Son lamentablemente inadecuadas las facilidades recreativas y las áreas verdes de tranquilidad y no hay forma de escapar del gentío y su bullicio, ambos dañinos a la salud mental. En el corazón del problema está la ausencia de fondos económicos suficientes y autoridad política lo suficientemente fuerte como para controlar la anarquía del interés privado y actuar en beneficio de la comunidad. A pesar de los esfuerzos de algunos alcaldes y algunos estudiantes de los problemas urbanos, la ola del deterioro no se está conteniendo y las ciudades se están metiendo más y más en la desorganización y desmoralización.

Las ciudades más grandes han crecido más allá de la capacidad organizativa del ser humano. No obstante lo que se haga para la rehabilitación de New York y Chicago, nunca habrá áreas verdes de silencio y serenidad, ni tampoco hay mucha posibilidad de que puedan ser tolerablemente accesibles para los millones que pasan sus vida encerrados en acero y concreto. Aún así, los grandes complejos urbanos siguen siendo un imán para los negros del sur y los blancos de la Appalachia, a pesar de lo feo e inhumano que son. Apiñándose en los barrios pobres y fétidos y abusando de los servicios públicos, vienen a las ciudades en búsqueda de empleos y oportunidad, sólo para encontrar que los empleos vacantes requieren habilidades de las que carecen y tienen poca probabilidad de adquirir.

Uno contempla si esta migración urbana es irreversible, si sería posible crear oportunidades económicas en los pequeños pueblos y ciudades donde hay espacio y tierra y aire fresco, donde los costos de construcción son moderados y la gente todavía puede vivir en armonía con la naturaleza. La tecnología de la agricultura moderna inevitablemente podría continuar reduciendo la empleomanía agrícola, pero apenas hemos comenzado a considerar las posibilidades de la descentralización industrial —de subsidios, incentivos arancelarios y otras formas— para hacer posible que la gente se gane la vida en los aún habitables pueblos pequeños de Norteamérica.

Una buena vida en un pueblo pequeño no sólo es mucho mejor que una vida barrial y empobrecida de la ciudad; muy probablemente es más barato también. El Secretario de Agricultura ha sugerido que sería mejor subsidiar una familia rural con mil dólares anuales por veinte años que acomodarlo en una vivienda urbana a un costo de 20 mil dólares. En New York o Chicago 2,500 dólares de asistencia social mantendrá a una familia en subsistencia; en el campo de Ozark, Arkansas es lo suficiente para una vida decente.

Agravando los males materiales tenemos la impersonalización de donde sea que vamos, que nuestros nombres y nuestras direcciones ya no nos identifiquen; las máquinas de IBM requieren números códigos de áreas, números de cuentas bancarias y de órdenes. Nuestra identidad relevante en una economía computarizada es numérica y no algo personal. Máquinas de negocios dan información básica y servicios básicos y no hay gente para dar informaciones particulares ni para brindar servicios para nuestras necesidades particulares. El concepto gobernante, inventado creo yo en el Pentágono, es la "efectividad de costos", que se refiere no a la relación del costo con la necesitad y satisfacción del humano, sino a la relación del costo con el sistema computarizado. La tecnología ha dejado de ser un instrumento para los fines humanos; se ha convertido en un fin en sí, sin la regulación de propósitos políticos y filosóficos. El efecto que esto deja sobre la mente humana sólo puede ser estimado, pero de seguro es algo enorme, ya que las necesidades humanas son diferentes de las necesidades del sistema al cual están siendo subordinadas. Algún día puede ser que los requisitos humanos sean computarizados también, pero, gracias a Dios, todavía no han sido programados.

El costo de rehabilitar Norteamérica será mucho más enorme de lo que hemos querido considerar. Cuando el alcalde Lindsay dijo que costaría 50 mil millones de dólares en diez años convertir a New York en un lugar apto para vivir, su declaración fue desechada como algo caprichoso, a pesar de que 50 mil millones de dólares es menos de lo que gastamos en Viet Nam en dos años. El sociólogo sueco Gunnar Myrdal ha estimado que costará millones de millones de dólares rehabilitar nuestros barrios empobrecidos y sus habitantes. "…La idea común de que Norteamérica es un país inmensamente rico y afluente", dice él, "es en gran parte una exageración. La afluencia norteamericana está bastante hipotecada. Norteamérica le lleva una gran carga de deuda a sus pobres. Que esta deuda hay que pagarla no es simplemente un deseo de los que hacen bien. El hecho de no pagarla implica un riesgo mortal para el orden social y la democracia como lo conocemos"[5].

Antes de que empecemos a pensar en lo que se necesita hacer y cómo hacerlo, tenemos que reevaluar nuestras prioridades nacionales. Tenemos que pesar los costos y los beneficios de viajar a la luna contra los costos y beneficios de la

[5] Gunnar Myrdal, "La Necesidad y Dificultad de Planificar la Sociedad Futura", Discurso con motivo de la Consulta Nacional sobre el Entorno Futuro de una Democracia: Los Próximos Cincuenta Años, 1967-2017, convocada por el American Institute of Planners, Washington, D.C., 3 de octubre de 1967, p.15.

rehabilitación de nuestras ciudades. Tenemos que pesar los costos y los beneficios del transporte supersónico, que facilitará que ejecutivos de negocios viajen sobre el Atlántico en dos o tres horas, contra los costos y beneficios de la limpieza y el desalojo de los barrios empobrecidos y la construcción de escuelas, lo que crearía oportunidades para millones de nuestros ciudadanos de "clase baja". Tenemos que pesar los beneficios y considerar la disparidad enorme de los 904 mil millones de dólares que hemos gastado en las fuerzas armadas y el poder militar desde la Segunda Guerra Mundial contra los 96 mil millones que hemos gastado, como parte de nuestro presupuesto nacional regular, en educación, salud, bienestar, viviendas y el desarrollo de nuestras comunidades.

Definir nuestras prioridades es más una cuestión de moral que de costos. Lo último, en este caso, nos sirve para determinar lo que queremos y lo que necesitamos y por lo que estamos dispuestos a pagar. No puede ayudar a los que somos pudientes a decidir si debemos pagar por programas que crearán oportunidades para los que son pobres; eso es un asunto de moral. No nos puede ayudar a decidir si llegar a la luna antes que los rusos es más importante que purificar nuestro aire, lagos y ríos contaminados; eso también es un asunto de moral. Tampoco nos puede ayudar a decidir si queremos ser el árbitro de los conflictos mundiales, el imponedor orgulloso de una paz americana, aunque esto tenga qua significar el abandono de los principios de una sociedad ejemplar sobre los cuales los Padres de la Patria fundaron los Estados Unidos de Norteamérica, y la traición de la paz mundial bajo una ley mundial que, incluida en el convenio de la Liga de Naciones y la Carta de las Naciones Unidas, también fue una idea norteamericana. Estos también son asuntos morales.

3 *El ejemplo americano*

Aunque nuestro país es bastante rico y poderoso, no es lo suficientemente rico y poderoso como para encaminar el curso de la historia mundial en una dirección constructiva y deseada simplemente a través del impacto de su poder y política. Inevitablemente y demostrativamente, nuestro impacto mayor resta no en lo que hacemos, sino en lo que somos. Con toda su influencia mundial, nuestra asistencia y diplomacia son sólo la sombra de Norteamérica; la Norteamérica real —y la influencia norteamericana real— son algo totalmente distinto. Son la forma en la cual nuestra gente vive, nuestros gustos y juegos, nuestros productos y preferencias, la forma en que nos tratamos, la forma en que nos gobernamos, las ideas del hombre y las relaciones del hombre con otros que se plantaron y crecieron en nuestra tierra.

La historia es testigo a esto. Hace cien años Inglaterra era dominante en el mundo como hoy lo es Norteamérica. Ya Inglaterra no es dominante; sus magníficas flotas armadas han desaparecido del mar y sólo fragmentos del una vez gran imperio británico quedan. ¿Qué sobrevive? Una herencia de odio sobrevive, odio del oeste y su imperialismo arrogante, odio de la condescendencia y la explotación, odio de la traición en el extranjero de la democracia que los ingleses practicaban en su tierra. Y las ideas sobreviven, las ideas de libertad y tolerancia y justicia a las cuales los ingleses les estaban dando significado y realidad en casa mientras se comportaban con diferentes principios en el imperio. En retrospección, parece obvio que el impacto constructivo y duradero de los ingleses en la India, por ejemplo, viene no de la forma en la cual los ingleses gobernaban en la India, sino como se gobernaban en Inglaterra al mismo tiempo.

Poseídos como están de un impulso filantrópico genuino, muchos norteamericanos sienten que sería egoísta y exclusivo, elitista y aislacionista, negarle al mundo los beneficios potenciales y nuestra gran riqueza y nuestro poder, limitándonos principalmente a un papel ejemplar. Es cierto que nuestra riqueza y nuestro poder pueden ser, y a veces son, beneficiosos para naciones extranjeras, pero también pueden ser, y en la mayoría de los casos son, muy dañinos y frustratorios. La experiencia —nuestra y de los otros— sugiere fuertemente que el impacto destructivo predomina, que cuando grandes naciones actúan sobre pequeñas naciones, tienden a hacerles más daño que bien. Esto no es necesariamente por falta de buenas intenciones; es, mejor dicho, por falta de conocimiento. La mayoría de los hombres simplemente no saben lo que es verdaderamente mejor para otros, y cuando pretenden saberlo o de forma genuina intentan averiguarlo, terminan tomando lo que sería mejor para ellos como si fuese también lo mejor para los demás.

Concediendo este rasgo lamentable de la naturaleza humana, practicamos la democracia entre nosotros, limitando la libertad de individuos para imponer su voluntad sobre otros individuos, limitando al Estado también, y canalizando dicha obligación necesaria a través de instituciones comunitarias. No limitamos el alcance del gobierno porque deseamos negarle a individuos los beneficios de su riqueza y poder; limitamos nuestro gobierno porque deseamos proteger a los individuos de su capacidad de tiranía.

Si es sabiduría restringir el poder de hombres sobre hombres dentro de nuestra sociedad, ¿no es también sabiduría hacer lo mismo en nuestras relaciones exteriores? Si no podemos contar con la benevolencia de un gobierno todopoderoso hacia su propia gente cuyas necesidades y características conoce y hacia quienes de seguro está bien dispuesto, ¿cómo podemos contar con la benevolencia de una Norteamérica todopoderosa hacia personas de las cuales conocemos muy poco?

Obviamente, no podemos, y, hasta el momento en que tengamos la disposición de ofrecer nuestra asistencia a través de instituciones comunitarias tales como las Naciones Unidas y el Banco Mundial, creo que, al limitar nuestros compromisos con pequeñas naciones, hacemos más para evitarles el desbarajuste que negándoles beneficios.

La sabiduría se constituye tanto por saber lo que no puedes hacer como por saber lo que puedes hacer. Si fuera posible reconocer las limitaciones de nuestras propias capacidades, sería posible dejar, más de lo que dejamos ahora, que la naturaleza tome su curso en un lugar u otro, no porque el resultado sería de seguro algo bueno, sino porque sea cual sea el curso de la naturaleza, meterse con ella sería peor.

Antes, en los viejos tiempos, teníamos esto como sabiduría, y sabíamos, casi instintivamente, que lo que hacíamos con nosotros mismos y con nuestra sociedad tendría un impacto en el mundo mucho más beneficioso y duradero que cualquier cosa que pudieran hacer nuestras relaciones exteriores. Éramos libres como dicen, dejando que la conducta nuestra sirviera como un sermón mudo. Sabíamos que era la libertad y la oportunidad aparentemente sin límites, la energía y creatividad maravillosa de nuestra población, en vez de la tontería romántica de nuestro "destino manifiesto", lo que hacía del nombre de Norteamérica un símbolo de esperanza para las personas de todo el mundo.

Conocíamos estas cosas antes de que acontecimientos más allá de nuestro control nos llevaran irrevocablemente al mundo y sus problemas tenebrosos. Entonces, reconocimos, como teníamos que hacerlo, que algunas de nuestras ideas tradicionales no nos servirían, que ya no podríamos, por ejemplo, considerar nuestro poder, y que, por lo tanto, no podríamos continuar neutrales en los conflictos mayores entre las naciones mayores del mundo. Sin embargo, como tantas veces sucede cuando se revisan ideas, echamos algunas ideas válidas con las obsoletas. Reconociendo que no había forma de no verse involucrado en la mayoría de las crisis mundiales, llegamos a pensar que teníamos que ser involucrados en cada crisis que se presentaba; entonces comenzamos a perder el conocimiento de nuestras propias limitaciones. Reconociendo que no quedaba algo más que mantener una política exterior activa, llegamos a pensar que cualquier cosa que se necesitaba lograr en el mundo se lograría a través de los actos de nuestra política exterior, y esto —como pensamos— siendo la verdad, que la política exterior debiera sin excepción tomar precedencia sobre nuestras necesidades domésticas; ahí comenzamos a perder nuestra histórica comprensión del poder del ejemplo norteamericano.

La pérdida se manifiesta en Viet Nam. Allí finalmente hemos abrazado ideas que son ajenas a nuestra experiencia, la idea de que nuestra sabiduría es tan grande como nuestro poder, y la idea de que nuestro impacto duradero en el mundo puede ser determinado por la forma en que participamos en una guerra en vez de como administramos nuestro país. Estos son los efectos principales y más siniestros de la guerra: la traición a ideas que le habían servido bien a Norteamérica y la gran crisis moral que esa traición ha provocado en nuestro pueblo y sus líderes.

La crisis no será resuelta rápidamente, tampoco puede ser predicho su resultado. Puede culminar, como espero que suceda, en una nueva imposición de los valores tradicionales, en una nueva conciencia del poder creativo del ejemplo norteamericano. O puede culminar en nosotros convirtiéndonos en un imperio del tipo tradicional, destinado a gobernar por un tiempo sobre un sistema vacío de poder para después desvanecer o caer, dejando, como sus predecesores, una herencia de polvo.

(Traducido al español por la editora).

"Guerrilla Warfare and special forces operations (FM 31-21)" Part one, Introduction, Chapter I, Fundamentals: 2. *Definition of Unconventional Warfare* (pág. 3):

"Unconventional Warfare consists of the interrelated fields of guerrilla warfare, evasion and scape, and subversion against hostile states (resistance). Unconventional warfare operations are conducted in enemy or enemy controlled territory by predominantely indigenous personnel ussually supported and directed in varying degree by an external source".

"*3. Delineation of Responsabilities for Unconventional Warfare*:

"a. The responsability for certain of these activities has been delegated having primary concern. Guerrilla warfare is the responsability of the United States Army".

"b. Within certain designated geographic areas —called guerrilla warfare operational areas— the United States Army is responsible for the conduct of all three interrelated fields of activity as they affect guerrilla warfare operations".

"Chapter 9. Psychological Operations in support of unconventional warfare (págs. 169-176):

"148. *General*

"c. In peace or war special forces units, by their very presence in a particular country, have a psychological impact on select military or paramilitary elements and on informed elements of the population.

The image created by special forces personnel is moulded by a multitude of factors which bear heavily on the succesful outcome of the operations. These factors include tangible evidence of United States interest and support results of day- to- day, face- to- face meetings and an intelligent of the people by the presence of special forces personnel, the understanding of the objetives and problems of the indigenous guerrilla force. The image is more favorable, however, if psychological operations techniques are used at all stages in the organization of the guerrilla units, especially in the preinfiltration stages, to prepare the potential guerrilla force and auxiliary forces for the arrival of United States personnel and, subsequently, in pointing up mutual efforts to achieve common political and military objectives...".

"149. *Concept and Organization:*

"Planned psychological operations assist in the conduct of unconventional warfare operations both before and during hostilities and through those cold war activities in which the United States Army may be engaged. These psychological operations are designed to create, reinforce or sustain those attitudes held by the population which cause them to act in a manner beneficial to their own and to United States objectives".

"a. National Programs. The United States Information Agency (USIA) conducts psychological operations which have the broad objective of generally defining American principles and aims and interpreting America and its people to other peoples. This includes supporting the right of all of the peoples of the world to choose their own form of government. USIA programs can be used to prepare potentital or designated special forces operational areas for the psychological acceptance of American military persormel".

"150. *Target Audiences:*

"b. Civilian Population. (1). No guerrilla movement can succeed without a majority of the population being favorable inclined toward it. Often, however, in the initial stage of hostilities, the population, because of fear or uncertainty about the aims of the movement, may be neutral or opposed to the guerrillas. This is understandable because the population is caught between the demands and controls of the enemy force and those of the guerrillas. In this instance, the main objective of psychological operations in guerrilla warfare is to persuade the target group that the guerrillas are fighting for the warfare and goals of the population, than these goals are attainable and that the United States in supporting the guerrilla force is pressing for the sarne political and social goals. Psychological programs aimed at this target audience stress appeals designed to induce the population to support and obey guerrillas in achieving recognized common objectives".

"c. Guerrillas and the Auxiliares: The third mayor target audience to be considered by the special forces commander cortiprises the guerrillas, the auxiliares, and those underground elements assisting the guerrillas. The guerrilla force has been given proof that the United States supports the general objectives of the guerrilla movement. But, as the representative of the United States theater commander, the special forces detachment commander must insure that specific goals for the guerrillas and its support elements are reinterpreted and remphasized continually during the hostilities phase".

"151. *Types of Psychological Warfare Operation in Guerrilla Warfare Operational Areas:*

"a. Action Operations (4). When area supremacy is achieved, encouraging and assisting the civilian population to resume their normal activities. Thies may involve use of the guerrillas or auxiliary units in assiting the local population to repair building, build needed structures, harvest crops, reopen schools and churches, organize social activity groups, etc.; (5). The institution of honest and effective government in the area. These psychological programs must carry the full weight of the prestige and legality of the United States and its allies. This is demonstrated by having appropriate directives emanate from United States authorities at theater level or higher. Joint directives issued by United States and indigenous guerrilla leaders or a credible government- in- exile give added force to the action programs".

(6) Meeting civilians face-to-face. During those periods of operations before the special forces commander can actively assist the civilian population to resume a relatively normal life, the commander must reinforce written appeals by conducting eneetings or discussions with the local civilians. These provide additional tangible evidence to the population that the guerrillas are supported by the United States and that both are working in the interest of the population. Members of the special forces detachment participate in such meetings to establish full rapport with the population, thereby diminishing the "foreignness" of special forces personnel. These meetings help to identify the guerrillas and the United States personnel with the population".

152. *Psychological Operations to Support Demobilization.*

"Psychological operations are used to assist in the demobilization of a guerrilla force. They consist of Programs using all media to explain to the guerrilla steps to be taken in the demobilization process. In addition, rehabilitation programs, sponsored by the United States or the national government concerned, are explained to the guerrillas with emphasis on the guerrilla's role in the future plan for their country".

"154. *Role of Sponsoring Powers:*

"a. When a theater command has completed combat operations with a guerrilla force, it may release the force to the provisional government recognized by the United States.

"b. Although the responsability for demobilization and utilization of guerrilla forces belongs to the provisional government, the United States is responsible for restoring and mantaining public orden, as far as possible, and may have to assume these obligations temporarily until and effective administration has been established".

"161. *Awards and Decorations:*

"Prompt action is taken on recommendations for decorations and awards for deserving guerrillas and other resistance members. The awards are made at local ceremonies attended, when practical, by the guerrilla troops, the civilian population, highranking officers of the conventional forces and officials of the provisional government as soon after an operation as possible".

"162. *Collection of Arms and Equipment:*

"b. In the event that the guerrilla force, with arms and equipment, is to be turned over to a recognized national government, this please is omitted. Inventories of arms and equipment in hands of the guerrillas are conducted jointly by representives of the local National government and U.S. forces".

"165. *Rehabilitation and Employment of Discharged Guerrillas:*

"a. Suitable measures are taken to assist discharged guerrillas in assuming their places in civilian life. Some may be given employment by the conventional forces or by the newly constituted government. Individuals or entire units may be incorporated into the police or armed forces of the new government. Where feasible, assistance in rebuilding damaged houses or farms belonging to guerrillas may be granted. However, rehabilitation does not usually involve

U.S. forces where a provisional government capable of rendering aid exists".

"b. Perhaps the greatest danger in any demobilization program is the possibility that former guerrillas will resort to dissidence, factional quarrels or even to banditry. Others may take advantage of the prevalent unstable conditions to organize quasi-military or political groups which will conflict with the provisional government or the U.S. authorities. It is vital, therefore, that demobilization procedures be executed expeditiously and with foresight. Procedures which are instituted will be an outgrowth of deliberations on a high level by military and political authorities. In the implementation of directives, maximum coordination between special forces, CA and other appropriate elements is necessary. To preclude troublesome situations form arising, tight control measures should be instituted and persons suspected of favoring action hostile to established authority are kept under surveillance. Every effort is made to foster acceptance on the part of peaceful means to bring about a restoration of the government structure and assimilate the readjustments in society which company a cessation of war time pursuits. Psychological operations can be of considerable assistance in these activities".

Traducción al español[1]
"Guerra de Guerrillas y operaciones de fuerzas especiales (FM 31-21)", Parte una, Introducción, Capítulo I, Fundamentos: 2. *Definición de Guerra no Convencional* (pág. 3):

---

[1] Me he esforzado en hacer una traducción cuidadosamente ajustada al original, pero el estilo del original corresponde al lenguaje de las agencias publicitarias norteamericanas, que resulta difícil de seguir en español. En algunos casos me he visto forzado a aclarar el concepto con palabras que figuran entre paréntesis.

"La guerra no convencional es aquella en que se relacionan entre sí los campos de la guerra de guerrillas, la evasión y la fuga, y la subversión contra estados hostiles (resistencia). Las operaciones de la guerra no convencional se realizan en territorio enemigo o controlado por el enemigo, por personal predominantemente indígena usualmente apoyado y dirigido en varios grados por una fuente extranjera".

"*3. Definición de Responsabilidades para la Guerra no Convencional:*

"a. La responsabilidad para algunas de esas actividades ha sido delegada y se le atribuye la máxima importancia. La guerra de guerrillas es la responsabilidad del Ejército de los Estados Unidos".

"b. Dentro de ciertas áreas geográficas señaladas —llamadas áreas de operaciones guerrilleras— el Ejército de los Estados Unidos tiene la responsabilidad de dirigir todos los tres campos de actividad que se relacionan entre sí en la medida en que afecten las operaciones de guerra de guerrillas".

"Capítulo 9. Operaciones sicológicas de apoyo a las guerras no convencionales (págs. 169-176):

"148. *Generalidades:*

"c. En paz o en guerra, las unidades de fuerzas especiales, por su sola presencia en un país dado, tienen un impacto sicológico en sectores seleccionados, militares o semimilitares, y en personas informadas de la población. La imagen que crean las fuerzas especiales está rodeada por una multitud de factores que conducen firmemente hacia un desarrollo exitoso de las operaciones. Estos factores incluyen evidencia tangible del interés de los Estados Unidos y (provocan) el apoyo del pueblo inducido por la presencia del personal de las fuerzas especiales, de los resultados de reuniones diarias y directas y de un entendimiento inteligente de los objetivos y los problemas que tienen las fuerzas guerrilleras indígenas. La imagen es más favorable, desde luego, si la técnica de operaciones sicológicas se usa en todas las etapas de organización de las unidades guerrilleras, especialmente en las etapas anteriores a la infiltración destinadas a preparar la fuerza guerrillera y las fuerzas auxiliares para la llegada del personal norteamericano y, subsecuentemente, al señalar los esfuerzos mutuos para lograr objetivos comunes en lo político y en lo militar...".

"149. *Concepto y organización:*

"El planteamiento de las operaciones sicológicas ayuda a dirigir las operaciones de la guerra no convencional antes y durante las hostilidades y a través de las actividades de guerra fría en que el Ejército de los Estados Unidos puede verse envuelto. Esas operaciones sicológicas están concebidas para crear, reforzar o sostener las actitudes tomadas por la población que la llevan a actuar de manera beneficiosa para ella misma y para los objetivos de los Estados Unidos".

"a. Programas Nacionales. La Agencia de Información de los Estados Unidos (USIA) realiza operaciones psicológicas que tienen el amplio objetivo de definir en forma genérica los principios norteamericanos y los fines y la interpretación de los Estados Unidos y de su pueblo ante otros pueblos. Esto incluye el apoyo al derecho de todos los pueblos del mundo a escoger su propio sistema de gobierno. Los programas de la USIA pueden usarse para preparar posibles o ya designadas áreas de operaciones de las fuerzas especiales para la aceptación sicológica del personal militar norteamericano.

"150. *Audiencias escogidas como objetivos (para las operaciones sicológicas).*

"b. Población civil. (1). Ningún movimiento guerrillero puede tener éxito si no cuenta con las simpatías de la mayoría de la población. A menudo, sin embargo, en la etapa inicial de las hostilidades, la población, debido al miedo o a la incertidumbre acerca de los fines del movimiento, puede ser neutral u oponerse a las guerrillas. Esto es comprensible porque la población está cogida entre las exigencias y el control de las fuerzas enemigas y las de las guerrillas. En casos así, el objetivo principal de las operaciones sicológicas en la guerra de guerrillas es convencer al grupo que interesa de que las guerrillas están combatiendo por el bienestar y los propósitos de la población, que esas metas pueden ser alcanzadas y que los Estados Unidos, al apoyar a las guerrillas, están persiguiendo los mismos fines sociales y políticos. Los programas sicológicos destinados a esa audiencia que debe ser convencida inducen a la población a apoyar y obedecer a las guerrillas para que éstas conquisten los objetivos que se reconocen como comunes".

"c. Las Guerrillas y sus Auxiliares. El tercer sector importante que debe ser trabajado por el comando de las fuerzas especiales está compuesto por las guerrillas, los auxiliares y los elementos de la clandestinidad que apoyan a las guerrillas. Las fuerzas guerrilleras han recibido pruebas de que los Estados Unidos respaldan los objetivos generales del movimiento guerrillero. Pero como representante de los Estados Unidos en el terreno, el comandante del destacamento de las fuerzas especiales debe insistir en que los propósitos específicos de las guerrillas y de los que las apoyan sean repetidamente interpretados y destacados constantemente durante la fase de las hostilidades".

"151. *Tipos de Operaciones de Guerra Sicológica en las Áreas de operaciones de la Guerra de Guerrillas.*

"a. Operaciones de Acción (4). Cuando se obtiene la supremacía en un área, debe estimularse y ayudarse a la población civil para que retorne a sus actividades normales. Esto puede reclamar el uso de los guerrilleros o de unidades auxiliares en la ayuda a la población local para reparar edificios, construir estructuras que hacen falta, recoger cosechas, reabrir escuelas e iglesias, organizar grupos de actividad social, etc. (5). La institución de un gobierno honesto y efectivo en el área. Estos programas sicológicos deben llevar el peso total del prestigio y la legalidad de los Estados Unidos y sus aliados. Esto se demuestra con directivas apropiadas que emanen de las autoridades de los Estados Unidos en el lugar, o más altas aún. Directivas dadas conjuntamente por los líderes norteamericanos y de las guerrillas indígenas o por un gobierno en el fuerza a los programas de acción".

"c. Reuniones directas con los civiles. Durante esos períodos de operaciones, antes de que el comando de las fuerzas especiales pueda ayudar activamente a la población civil para que reanude una vida relativamente normal, el comando debe reforzar las proclamas escritas mediante reuniones o discusiones con los civiles del lugar. Esto agrega más peso a la evidencia tangible que se le ha dado a la población de que los guerrilleros tienen el respaldo de los Estados Unidos y de que ambos están trabajando por el bien de la población. Miembros del destacamento de las fuerzas especiales deben participar en esas reuniones para establecer relaciones de confianza con la población, con lo cual disminuye el (sentimiento de) extranjerismo del personal de las fuerzas especiales. Esas reuniones ayudan a identificar a los guerrilleros y al personal de los Estados Unidos con la población.

"152. *Operaciones Psicológicas para Ayudar en la Desmovilización.*

"Hay operaciones sicológicas para ayudar a desmovilizar las fuerzas guerrilleras. Consisten en programas, en los que se usan todos los medios de comunicación, para explicar a los guerrilleros los pasos que deben tomarse en el proceso de desmovilizar. Al mismo tiempo, se les explican a los guerrilleros, destacando especialmente el Papel de los guerrilleros en los planes para el futuro de su país, los programas de rehabilitación (del país) financiados (o respaldados) por los Estados Unidos o el gobierno nacional que tenga esa responsabilidad.

"Capítulo 10. Desmovilización (págs. 177-182).

"154. *Papel de los poderes Respaldantes:*

"a. Cuando un comando de zona haya dado por terminadas las operaciones con una fuerza guerrillera debe dejar esa fuerza (bajo la autoridad de) al gobierno provisional reconocido por los Estados Unidos.

"b. Aunque la responsabilidad en la desmovilización y la utilización de esas fuerzas guerrilleras corresponde al gobierno provisional, los Estados Unidos son responsables de restaurar y mantener el orden público, en la medida de lo posible, y deben asumir esas obligaciones temporalmente hasta que se establezca una administración efectiva".

"161. *Méritos y Condecoraciones:*

"Debe tomarse acción rápida para recomendar medallas y premios por servicios distinguidos de los guerrilleros y otros miembros de la resistencia. Los premios deben concederse en ceremonias locales, en las que estén presentes, cuando pueda hacerse, las tropas guerrilleras, la población civil, altos oficiales de las fuerzas convencionales y personalidades del gobierno provisional (y esto debe hacerse) tan pronto como sea posible después de una operación".

"162. *Recogida de Armas y Equipos:*

"b. En el caso de que una fuerza guerrillera, con armas y equipos, sea puesta a la orden del gobierno nacional reconocido esta fase se omite. Los inventarios de las armas y los equipos que se hallen en poder de las guerrillas deben ser hechos conjuntamente por representantes del gobierno local y de fuerzas norteamericanas".

"165. *Rehabilitación y Empleos para los Guerrilleros dados de Baja:*

"a. Se toman medidas adecuadas para ayudar a que los guerrilleros dados de baja ocupen su lugar en la vida civil. Algunos pueden ser empleados en las fuerzas convencionales o en el gobierno definitivo que se constituya. Individuos y hasta unidades enteras pueden ser incorporados en la policía o en las fuerzas armadas del nuevo gobierno. Cuando sea posible, debe garantizarse ayuda para la reconstrucción de casas y propiedades campesinas dañadas que pertenezcan a los guerrilleros. Sin embargo, en esa rehabilitación no deben tomar parte, por lo general, las fuerzas de los Estados Unidos donde haya un gobierno provisional capaz de proporcionar esas ayudas".

"b. Tal vez el peligro más grande en cualquier programa de desmovilización está en la posibilidad de que antiguos guerrilleros recurran a la disidencia, las luchas de facciones y hasta el bandolerismo. Otros pueden aprovechar las condiciones prevalecientes de inestabilidad para organizar grupos semimilitares o políticos que entrarán en luchas contra el gobierno provisional o las autoridades norteamericanas. Por tanto, es de interés vital que los pasos para la desmovilización se den rápidamente y tomando previsiones. Los pasos que se den deberán ser producto de deliberaciones de alto nivel entre autoridades militares y políticas. A la hora de ejecutar los acuerdos es necesario que haya una coordinación total entre las fuerzas especiales, el CA (Departamento de Problemas Civiles) y otros elementos apropiados (para el caso). Para evitar que surjan situaciones capaces de crear problemas deben tomarse medidas de estricto control y las personas sospechosas de favorecer acciones contrarias a la autoridad establecida deben ser puestas bajo vigilancia. Deben hacerse todos los esfuerzos para llevar (a esas personas) a la idea de aceptar los procedimientos pacíficos que conduzcan a la restauración de una estructura de gobierno y asimilar los reajustes en la vida social, que son siempre el resultado del cese de la guerra. Las operaciones sicológicas pueden ser de ayuda considerable en esas actividades".

Apéndice II

Para tener una idea aproximada de lo que significa la industria sobredesarrollada de los Estados Unidos en términos de poderío privado basta leer en *Fortune* —la revista del gran capital norteamericano— una lista de las empresas industriales que más vendieron en el año 1965, con detalles sobre sus ventas, sus beneficios y número de hombres empleados[1].

Cincuenta y cinco firmas tuvieron ventas por más de 154 billones (miles de millones) de dólares, con un beneficio neto declarado que se acercó a los 12 billones (miles de millones) de dólares y un cuerpo de empleados de obreros superior a 4.230.000[2].

Las diez firmas que ocuparon los diez primeros lugares vendieron más de 75 billones (miles de millones) de dólares, con beneficios netos declarados de más de 6,5 billones (miles de millones) de dolares y emplearon más de 2.287.000 asalariados[3].

Casi todas ellas, si no todas, tienen subsidiarias en la mayoría de los países capitalistas y algunas están negociando para

---

[1] *Fortune*, july 15, 1966.

[2] Las cifras exactas fueron, para ventas, $154.389.967.000; para beneficios, $11.701.663.000; para empleados y obreros, 4.231.793.

[3] En ventas, $75.299.897.000, en beneficios, $6.589.254.000; empleados y obreros. 2.287.897.

establecerse en países comunistas. Varias de las firmas petroleras mantienen fuera de los Estados Unidos empresas que significan operaciones y beneficios fabulosos.

Los datos que acabamos de dar significan que esas 55 firmas industriales, empleando menos de 4.250.000 hombres, hicieron en 1965 ventas superiores a la mitad del producto nacional bruto de Rusia, un país de más de 200 millones de habitantes; que esas firmas vendieron ese año 35 billones (miles de millones) de dólares más de lo que produjo Alemania en el año de 1966 y 51 billones (miles de millones) de dólares más que el producto nacional bruto de Inglaterra en ese mismo año de 1966.

Las cinco empresas que encabezan esa lista de cincuenta y cinco son la General Motors, con una venta de $20.733.982.000, beneficios netos de $2.125.600.000 y 734.594 empleados y obreros; la Ford Motor Company, con una venta de $11.536.789.000, beneficios netos de $703.049.000 y 364.487 empleados y obreros[4]; la Standard Oil de New Jersey, con ventas de $11.471.529.000, beneficios netos de $1.035.765.000 y 148.000 empleados y obreros (4); la General Electric, con ventas de $6.213.595.000, beneficios netos de $355.122.000 y 300.000 empleados y obreros, y la Chrysler, con ventas de $5.299.935.000, beneficios netos de $233.377.000 y 166.773 obreros y empleados.

En el mismo número de *Fortune* se afirma que el año de — 1965 el año en que el pentagonismo se lanzó a actuar resueltamente— "fue el más grande que jamás conocieron las 500 más grandes corporaciones industriales" de los Estados Unidos. Según la mencionada revista, que es el portavoz más autorizado del gran capital norteamericano, desde 1958, "un

---

[4] Entre las 55 firmas figuran también la Standard Oil de Indiana y la Standard Oil de California.

año de recesión, las 500 compañías registradas en el directorio anual de *Fortune* no han cesado de contabilizar nuevas alzas en el total de ventas"[5].

Debe observarse que 1958 corresponde al cuarto año de aumento de gastos militares en Viet Mam, en forma de entrega de equipos de todos los tipos, y de grandes gastos para alcanzar a Rusia en la carrera espacial. En 1957 habían comenzado las guerrillas budistas contra el gobierno de Diem y Rusia había lanzado su "spunik"; por tanto, los gastos militares en Viet Nam fueron reforzados hasta una suma suficiente para atender a un enorme ejército sudViet Namés de tierra, mar y aire; y los gastos dentro de los Estados Unidos para construir ingenios espaciales pasaron a ser muy altos.

Según "Fortune", las ventas de las 500 mayores corporaciones Industriales de los Estados Unidos llegaron en 1965 a $5298.000 millones..., sólo $35.000 millones por debajo del producto nacional bruto de Rusia en 1966. La revista asegura que los beneficios netos de esas empresas fueron un 16,1 por ciento mayores que en 1964, es decir, el año anterior. Sin embargo, ofrece un dato que resulta iluminador, aunque la revista no lo dio como tal: el aumento de obreros y empleados fue sólo de 7,8 por ciento, "incluyendo los de las subsidiarias extranjeras consolidadas".

En 1965 el llamado "Directorio de *Fortune*" pasó a ser para firmas que vendieron únicamente más de $100 millones. Según en 1966. La revista hubo "treinta y seis industrias el último año (1965) que tuvieron ventas por encima de $100 millones y nunca antes habían figurado en la lista (de las 500 de *Fortune*)".

El total de ventas de esas 500 empresas —$298.000.000.000— indica por sí solo que la sociedad de

---

[5] Pág. 230, bajo el título de "The *Fortune* Directory".

masas de los Estados Unidos está manejada por un puñado de hombres, pues es de viejo conocido que los amos de las tierras, las minas, los bancos, las industrias y el comercio son los amos de los hombres.

He aquí, en inglés, el editorial que publicó el 1 de septiembre de 1967 el *New York Times*:

Generals out of control
Serious issues of civilian vs. military control of defense and diplomatic Policy are raised by the public campaign of some of the nation's top generals for an extension of the bombing of North Viet Nam —a campaign. that has now brought them an initial Senate victory.

The spectacle of General Greene, the Marine Corps Commandant, taking to an American Legion podium to tell the country that the war in Viet Nam is more important than the plight of America's riottorn cities is the latest and most grotesque distortion of the traditional role of the military in American life.

Two days earlier the Marine member of the Joint Chiefs of Staff emerged from a closed hearing, of the Senate Preparedness Investigating Subcomittee to urge the bombing of four additional MIG airfields in North Viet Nam. In the hearing itself, General Greene reportedly criticized past Administration slowness in approving enlarged target lists as an aid to Hanoi.

The Army Chief of Staff, General Johnson, joined the insurrection by calling for bombing the port of Haiphong and other off-limits targets in North Viet Nam. He differed with his civilian superior, Secretary McNamara, who told the subcommittee such attacks would not hamper Hanoi's war operations in the South but would be costly in American casualties and involve great risk of conflict with Russia and China.

Earlier a third member of the Joint Chiefs, Air Forces General McCornell, told the subcommittee that an extra 800.000 American troops would have been needed in South Viet Nam without the bombing. The imaginary nature of the "statistic" is clearly revealed in the official intelligence estimates released by Mr. McNamara last week. They showed that the volume of war supporting supplies entering North Viet Nam and moved to the South is "significantly under 100 tons per day, a quantity that: could be transported by only a few trucks".

Nevertheless, President Johnson, his antennae more attuned to the 1968 elections than to any battlefront developments, evidently was so concerned about the subcommittee hearings that he surrendered to the military before the sessions began. The very first witness —Admiral Sharp, the Pacific Commander, who had already aired his desire for more bombing— brought word from the President that another group of targets had been taken off the prohibited list. The President's capitulation did not prevent the subcommittee from insisting yesterday on a further step up of bombing to close the port of Haiphong and to hit other targets, even if it does mean war with China.

This has not been the first Administration surrender to military pressure. The public campaign conducted by General Westmoreland last spring for more ground troops led to his trip to the United States, his controversial attack on dissenters and the open negotiation with the President that ended in last to Viet Nam.

After two and a half years of escalation in Viet Nam, a buildmonth's announcement that 45.000 more troops would be sent up to 500.000 troops and a level of bombing exceeding that: in Europe World War II, the military situation in South Viet Nam is no better today than when American escalation has been matched by the Communist and the stalemate has merely been moved to a higher level of combat, casualties and destruction.

Responsability for the tragic miscalculation undoubtedly belongs to the President more than to any other man. Yet, the military leaders who advised him, —and have failed dismally to produce any military improvement for this huge investment— are now the chief opponents of another bombing pause, an indispensable precedent to opening negotiations with Hanoi for a political solution.

The sputtering-out of the Congressional debate over the Tonkin Gulf resolution has underscored the erosion in the constitutional requirement for legislative control over the warmaking power. Now a similar erosion is taking place in the constitutional balance that supposed y puts the military under civilian direction. Senator Mansfield's protestations that it is really Secretary McNamara who speaks for the Administration are poorly supported by the record. Only Mr. Johnson can exercise his Presidential prerogatives under the Constitution and restore civilian control of national policy.

Reseña biográfica de Juan Bosch

Escritor, pensador social y luchador por la liberación de su pueblo. Nació en la ciudad de La Vega el 30 de junio de 1909, hijo de don José Bosch y doña Ángela Gaviño. El padre, español nacido en Tortosa, Cataluña, y la madre, nacida en Juana Díaz, Puerto Rico, se habían establecido en el país en los finales del siglo XIX. Juan Bosch vivió sus primeros años de infancia en La Vega, y visitaba también las comunidades de Río Verde y El Pino. Cursó estudios sólo hasta el tercer nivel de bachillerato.

En su juventud vivió en Santo Domingo y trabajó en establecimientos comerciales; más tarde viajó a España, Venezuela y algunas de las islas del Caribe. A su retorno a la República Dominicana, al comienzo de los años '30, publicó su primer libro de cuentos *Camino real*, el ensayo *Indios* y la novela *La Mañosa*, aclamada por la crítica nacional. Dirigió desde sus inicios la página literaria del periódico *Listín Diario*, en el cual se perfiló como crítico de arte y ensayista.

En junio de 1934 contrajo matrimonio con la señora Isabel García. Con ella procrearía dos de sus hijos: León y Carolina. En los primeros años de la dictadura de Rafael Trujillo Molina fue encarcelado por razones políticas, siendo liberado luego de varios meses. En 1938, sabiendo que el tirano planeaba designarlo diputado, logra salir al exilio y se establece en Puerto Rico. En 1939 se trasladó a Cuba, donde dirigió la edición de las obras completas de Eugenio María de Hostos para la conmemoración de su Centenario. El trabajo con los escritos originales de Hostos, termina de definir en Bosch su vocación de patriota, latinoamericanista y humanista.

En 1939, junto a otros exiliados políticos, fundó el Partido Revolucionario Dominicano (PRD), el cual organizó y dio a conocer en otros países del Caribe y América Latina. En los años transcurridos entre 1940 y 1945, se destacó como uno de los más notables escritores de cuentos de la región y laboró activamente en la formación de un frente antitrujillista encabezado por el PRD. En la misma época, se desarrolla como un agudo analista político e internacional, y hace parte en diversas luchas liberadoras de nuestros países.

Colaboró con el Partido Revolucionario Cubano y desempeñó un destacado papel en la redacción de la Constitución de aquel país promulgada en 1940. Casa, en segundas nupcias, con Carmen Quidiello, de cuyo matrimonio nacieron sus hijos Patricio y Bárbara.

Ganó importantes premios literarios a nivel internacional, entre los cuales se distingue el premio "Hernández Catá" que se otorgaba en La Habana a los cuentos escritos por autores de América Latina. Fue uno de los principales organizadores de la expedición armada que se gestó en "Cayo Confites", en la cual participaron cientos de ciudadanos cubanos y centroamericanos con intención de derrocar la dictadura de Trujillo. Entre ellos se encontraba el joven Fidel Castro.

Posteriormente, Bosch se trasladó a Venezuela y a otros países de América Latina, donde desarrolló una activa campaña antitrujillista y consolidó su carrera de escritor, cuentista y ensayista de primera categoría, a la par de consolidar fuertes vínculos con los sectores progresistas en cada uno de los lugares donde se hace presente. Para ese momento había escrito cuentos de profundo contenido social, entre los que pueden citarse "La Nochebuena de Encarnación Mendoza", "Luis Pie", "Los amos" y "El indio Manuel Sicuri". En Cuba, lugar al que regresó requerido por sus amigos del Partido Revolucionario Auténtico, desempeñó importantes papeles en la vida política e intelectual.

El 1° de enero de 1959 se produjo en Cuba el triunfo encabezado por Fidel Castro, que motorizó un reordenamiento político, económico, y social en los países del Caribe. Bosch, con instinto certero, percibió el proceso histórico que se había iniciado, y dirigió a Trujillo una carta, el 27 de febrero de 1961, en la cual le advertía que su papel político, en términos históricos, había concluido en la República Dominicana, y que de no dar por terminada su tiranía, *el próximo aniversario de la República será caótico y sangriento; y de ser así, el caos y la sangre llegarán más allá del umbral de su propia casa…"*.

Ajusticiado Trujillo el 30 de mayo de ese año, Bosch regresó a su país luego de veintitrés años de exilio, cuatro meses después de haberse establecido en territorio dominicano el Partido que había fundado en 1939. Su presencia en la vida política nacional, como candidato a la presidencia de la República, revolucionó sustancialmente la forma de vinculación entre los líderes políticos y el pueblo, así como el estilo de realizar campañas electorales en el país. Su forma directa y sencilla de dirigirse a la población, tanto rural como urbana, especialmente a través del programa radial Tribuna Democrática, le permitió desarrollar una profunda influencia y simpatías populares, que lo perfilaron como incuestionable ganador de las elecciones de diciembre de 1962.

Celebrado el torneo electoral, Bosch obtuvo un triunfo arrollador sobre sus contendores, alcanzando casi el 60% de los votos. Combatido desde antes por los sectores más conservadores de la sociedad, tomó posesión como Presidente de la

República el 27 de Febrero del 1963. Había conquistado la voluntad mayoritaria con un mensaje dirigido a la conciencia de las masas del pueblo hasta ahora marginadas del "drama nacional", sin prácticas clientelistas ni demagógicas, propugnando por una auténtica "revolución democrática" en el país.

Bosch dio inicio a una gestión gubernativa patriótica, reformadora, de incuestionable honestidad administrativa y de profundas transformaciones. Su gobierno fue derrocado por un golpe de Estado, ensayado al menos en cinco ocasiones, y estimulado y apoyado desde el exterior. En diciembre de 1963 caen el líder político Manolo Tavárez Justo y otros patriotas, alzados en armas en defensa de la constitucionalidad democrática. Menos de dos años después, la insatisfacción generó el levantamiento militar del 24 de abril de 1965, que tenía como objetivo el reestablecimiento del gobierno constitucional que Bosch había presidido, y la vigencia de la Constitución que su gobierno había promulgado el 29 de abril de 1963, la más progresista que ha conocido la República. En la epopeya conocida como "Revolución de Abril" fueron protagonistas héroes de la estatura de Francisco Alberto Caamaño Deñó, Rafael Tomás Fernández Domínguez, Juan María Lora Fernández y Miguel Hernando Ramírez, entre muchos otros dominicanos y dominicanas valientes.

Impedido de regresar al poder por la intervención militar de los Estados Unidos, retorna al país el 25 de septiembre de 1965 y participa en las elecciones realizadas el 30 de mayo de 1966 bajo la dirección y el control de las fuerzas interventoras. A fines de ese año, Bosch se marchó al exterior radicándose en España, donde realizó una extraordinaria labor intelectual y de organización política produciendo algunas de sus obras más importantes entre las cuales están: *Composición social dominicana*, *Dictadura con respaldo popular*, *Breve historia de la oligarquía*, *De Cristóbal*

Colón a Fidel Castro, y numerosos artículos de diferentes géneros publicados en revistas, periódicos y otras publicaciones del país y del exterior.

Regresó a la República Dominicana en abril de 1970 con la intención de reorganizar y modernizar al PRD. De nuevo fue recibido de manera masiva por el pueblo dominicano, con la capital del país prácticamente paralizada. Quiso convertir a sus miembros en militantes activos, estudiosos de la realidad histórica y social de su país; sin embargo ese proyecto fue obstaculizado.

El 15 de diciembre de 1973 funda junto a otros compatriotas el Partido de la Liberación Dominicana (PLD), una organización revolucionaria y popular llamada a culminar "la obra inconclusa de los padres de la Patria". La idea esencial de este partido fue la creación de una vanguardia con autoridad moral y política en el seno del pueblo trabajador, capaz de convocar y liderar a las grandes masas. Bosch lo define como "un partido nuevo en América". El PLD se constituye como un partido no populista, altamente dotado de conciencia política, métodos y capacidad organizativa, que logra un apoyo creciente entre los ciudadanos, siendo el partido más votado en 1990 pero impedido de ostentar el triunfo mediante el recurso del fraude electoral.

A partir de los setentas, todo su trabajo intelectual y organizativo lo dedica a la lucha "por la liberación del pueblo dominicano". Prosigue, a su vez, con un ingente activismo en la arena internacional a favor de la defensa de los derechos humanos, el derrocamiento de las dictaduras en América Latina, el cese de las intervenciones imperialistas, la integración del continente y la derogación de la deuda externa, entre otras causas. En este campo de acción se vincula con grandes figuras de la política, las artes y el pensamiento de los pueblos del Tercer Mundo y de países amigos de sus aspiraciones.

El relevante aporte del profesor Juan Bosch a las letras nacionales y americanas en la narrativa, novelas y ensayos lo han convertido en maestro de dos generaciones de escritores, cuentistas, novelistas, ensayistas, periodistas e historiadores entre los cuales se distinguen algunas de las más sobresalientes figuras del país y de América Latina.

Su conducta patriótica, cívica, honesta, valiente y militante, como gobernante y líder, lo convierten en un símbolo de la dignidad nacional, en un orgullo para nuestro pueblo y en un ejemplo a seguir para las generaciones presentes y futuras de la República Dominicana. Don Juan falleció el 1° de noviembre de 2001, en Santo Domingo. Sus restos están sepultados en el Cementerio Ornamental de La Vega, su ciudad natal.

Referencias bibliográficas:

Gutiérrez Félix, Euclides. *Biografía de Juan Bosch.*

Piña-Contreras, Guillermo. *Juan Bosch: imagen, trayectoria y escritura.*

Revista *Camino Real* N° 14, Fundación Juan Bosch, 2009.

Contenido

EL PENTAGONISMO, SUSTITUTO DEL IMPERIALISMO, DE JUAN BOSCH, FUE IMPRESO EN EL MES DE ABRIL DE DOS MIL DOCE EN LOS TALLERES GRÁFICOS DE IMPRESORA SOTO CASTILLO S. A., EN SANTO DOMINGO, REPÚBLICA DOMINICANA.

www.ingramcontent.com/pod-product-compliance
Lightning Source LLC
Chambersburg PA
CBHW072227150726
48002CB00005B/1970